中公新書 2317

伊藤 隆著

歴史と私

史料と歩んだ歴史家の回想

中央公論新社刊

まえがき

今でも、あれは夢じゃないかと思います。

平成と改元されてから、しばらく経《た》ったある日のことです。

自宅に一本の電話がかかってきました。

侍従からでした。

「陛下がお話しになりたいということなので、おいでくださいませんか」

突然のことでしたから、ちょっと半信半疑でした。

とにかく一応行ってみようと、四谷《よつや》駅からタクシーに乗って赤坂《あかさか》御所に向かいました。まだ何かの間違いかもしれないと思っていたので、下りる時に運転手にはこう言いました。

「お金は払うけれど、ここで待っていてくれ。手を上げたら行ってもいい。すぐだから」

門衛に名乗りました。すると「どうぞお入りください」と言うので、運転手に手を上げて帰してから、御所の中に入っていきました。

冬を迎えようとする木々が鬱蒼《うっそう》と茂っていました。

まだ早いのに薄暗い道を、護衛もなく、たった一人で歩いていきました。

もし悪い奴だったら、大変なことになるじゃないか、と思ったりしながら歩きました。

建物の入り口には侍従が待っていました。

「どうぞお入りください。だいたい一時間と考えています。私がドアからちょっと顔を出したら、それがサインです。多少は延びても結構です」

「はい、わかりました」

お部屋には陛下がお一人でいらっしゃいました。お酒と軽いつまみが出ました。

日本近代史をどう考えるか、といったお話でした。陛下が質問をされたり、ご意見を述べられたりして、それにお答えしたり、逆に質問したりしました。陛下はかなり勉強されていて、そのため話も非常にスムーズでした。

やがて、侍従がひょっと顔を出します。

もう終わりだなと思って、話を打ち切ろうとしたのですが、陛下はまだお足りないようで、そのままお話を続けられました。結局一時間半ばかりになりました。

帰ろうとすると、侍従が言いました。

「さっきお入りになったほうではなく、別のほうへ、車を用意してありますから」

やはり見送りも何もなく、言われた通りに車に乗って、永田町《ながたちょう》駅から有楽町《ゆうらくちょう》線に乗って帰りました。

菊の御紋の入った煙草《たばこ》をいただきました。まずい煙草だなと思いました。でもそれだけで、他に謝礼も何もありませんでした。振込記録もありません。私の日記以外、お目にかかった証拠は何もないのです。

今でも、あれは夢じゃないかと思います。

昭和七（一九三二）年生まれの私も、いよいよ八十歳を過ぎ、人生の整理をする年頃となりました。

これからお話しする一人語りのヒストリーも、その一つです。

始めようとした時に思い起こされたのが、あの時のことでした。

そして、やはり思うのです。

あれは夢じゃないか、と。

目次

歴史と私

史料と歩んだ歴史家の回想

第1章　共産主義との出会いと訣別

父の背中

父の伊藤《いとう》裕《ひろし》は、苦学の人です。

私は小さい頃から、父の背中を見て育ちました。

父は、宮城県の南、伊具《いぐ》郡大内村《おおうちむら》（現丸森町《まるもりまち》）の小さい農家の次男坊に生まれています。高等小学校を出て農業補習学校を卒業ののち、村の小学校の代用教員をしながら早稲田の通信講座で勉強を続け、検定試験に合格して尋常科の訓導の職を得ました。その後上京し、日本大学の高等師範部国語漢文科を優等で卒業して中学校の教員免許をとると、豊多摩《とよたま》郡中野《なかの》町立桃園《ももぞの》第二尋常小学校の代用教員として働きはじめ、そのかたわら今度は日本大学の夜間部に通って資格をとり、都立鷺宮《さぎのみや》高校の前身である東京府立高等家政女学校の教諭になりました。

著者、６歳の頃

日大高等師範部から日本大学へ行く過程で、父は山田孝雄《やまだよしお》という国語学の大家に認められ、戦時期に計画されていた平田篤胤《ひらたあつたね》全集の編纂《へんさん》主任を任されたのですが、冨山房《ふざんぼう》から刊行されるはずの全集は、第一巻の作業中に印刷所が空襲で全焼し、完成に至らないまま敗戦を迎えます。

ただ編纂主任になる時に、平田篤胤が秋田藩出身だったこともあって、身分保証のために秋田県立秋田中学教諭を兼任していましたので、戦後は秋田中学の教諭として秋田へ移りました。その後も平田篤胤の研究を進め、昭和四十八（一九七三）年には『大壑《たいがく》平田篤胤伝』を出しています。

私は、父がかつて勤めていた桃園第二尋常小学校に入り、戦争がひどくなると宮城県の両親の実家に疎開したので、中学は宮城県立角田《かくだ》中学校に行きました。

昭和二十年の八月十五日は、勤労奉仕で山奥の桑畑を麦畑に変える作業をしていました。ですので玉音放送は聞いていません。私も人並みの愛国少年でしたから、畑から帰って戦争に負けたと知った時は、かなり落ち込みました。中学一年生とはいえ、いずれ戦争に行って戦うつもりでしたので、生きながらえることは無理だと感じていました。だから戦争が終わってしばらくのあいだは、お釣りの人生のような感覚がありました。

父の秋田行きに合わせて、秋田中学に転校しました。宮城県に疎開した時もそうでしたが、秋田でも地元の人と疎開者、引揚者とは分かれていて、疎開者、引揚者の側は少し「左」がかっていました。中学は途中で新制になり、秋田県立秋田南高等学校、現在の秋田高校となるのですが、私もそんな流れに少しずつ染まりはじめていました。

父の本棚の平田篤胤を通して、古代史に興味を持ち出したのはこの頃です。父が国学なら、息子は歴史だ、と。中央公論社から出た『新日本史講座』には、当時新進気鋭の研究者だった井上光貞《いのうえみつさだ》先生（一九一七～八三）の「部民《べみん》史論」と「大化改新論」が入っていて、これを読んでひどく感心し、将来は部民制、忌部《いんべ》や玉造部《たまつくりべ》といったものを研究しようと思いました。

高校では仲間を集めて社会科研究会を作り、会報に論文めいたものを発表したり、会の仲間と『秋南高新聞』を発刊したりしました。雑誌も新聞も高校公認というものではなく、論説で学校批判などをしてトラブルになったりしました。

秋田での五年間は、戦後の厳しい生活の思い出でいっぱいです。

秋田中学は、校舎が占領軍の宿舎となったため追い出され、われわれは当初小学校の教室を借りて二部に分かれて授業を受けました。次には連隊の兵舎を使うことになります。授業中に天井から南京《ナンキン》虫が落ちてきて刺されたり、冬のストーブの薪《まき》が足りないので壁板を剝《は》がして燃やしたりなど、酷《ひど》い生活が続きました。家は連隊の馬小屋を父が改造したもので、食糧も乏しく、家の廻《まわ》りを耕して畠《はたけ》にし、その収穫物で何とか暮らすことができました。「飢え」ということを体感した日々でもありました。

東大歴史学研究会

東京大学の教養学部文科二類に入ったのは、昭和二十六（一九五一）年のことです。駒場《こまば》寮の歴史研究会の部屋に入ったことが、私の運命を変えます。

その部屋に入ったのは、秋田の高校の二年先輩で、のちに名古屋大学教授になる田口富久《たぐちふく》治《じ》氏に父がアドバイスを請うたことが発端です。ちなみに高校の一つ上の先輩には、国連事務次長となる明石康《あかしやすし》氏がいました。

田口氏は当時「右」がかっていて、父はそれもあって信頼していたのでしょう。

「いちばん穏健なのは歴史研究会です」と田口氏が言ったものだから、それに従ったのです。たしかに入った当初の歴史研究会は穏健なサークルでしたが、しばらくして歴史学研究会（歴研）と改称し、急角度で左傾化していきます。私はすぐに「赤」くなると、逆に田口氏を「赤」くする工作をして成功します。

五、六年経って私が共産党をやめる時、「あなたもやめたらどうか」と言ったのですが、「俺はここで頑張る」と断られました。私が田口氏を共産党に置いてきたようなものです。

その頃の駒場寮の歴研には、『男はつらいよ』の映画監督山田洋次《やまだようじ》氏や、東大経済学部教授となって「最後のマルクス経済学者」と自称する林健久《はやしたけひさ》氏らがいました。

私は講座派マルクス主義の勉強をし、また歴研の代表的な研究者だった井上清《いのうえきよし》さん（一九一三〜二〇〇一）や遠山茂樹《とおやましげき》さん（一九一四〜二〇一一）といった人たちの本を読み、次第に古代史よりも近代史のほうが面白そうだと思うようになっていきます。

共産党時代

もともと人に支配されるのが嫌な性分ですから、入学当初は自分で「反戦」（アンチゲール）というサークルを立ち上げ、機関紙を発行したりしていたのですが、結局は日本共産党系の青年組織である民主青年同盟、通称「民青」に吸収されました。

すぐに駒場の民青キャップになったのですが、少しすると執行部がみんな共産党員にリクルートされたため、私も入党しました。東大駒場の共産党組織（細胞）は講座派の忠実な弟子として活動し、党員も二百人ぐらいはいたでしょう。優秀な連中は、だいたい共産党員という時代でした。

共産党にどっぷり浸《つ》かっていた私は、学生大会の議長になると反対者の発言を許さないなど強引な進行をしたり、民青本部で『若き戦士』という機関紙作りに励んだりしていました。当然、学業はおろそかになって、結局駒場は、二年の課程を四年かかり、それから本郷に進学しても三年を過ごしました。本格的に勉強したと言えるのは、共産党を抜けてからの最後の二年間ぐらいでしょう。

当時、民青の本部は、銀座四丁目の新世界ビルの一室を「不法占拠」していて、そこに私も入り浸り、「学者になるのはやめた。常任活動家になろう」という意気込みでした。警官と対峙《たいじ》してやったりやられたり、支援者の家に匿《かくま》ってもらったこともあれば、指名手配されたこともある。警察にも一度だけ捕まり、身分証明書をトイレに流して黙秘を通しましたが、大物とは思われなかったようで、一日留置場に勾留《こうりゅう》されただけで釈放されました。

それでも、昭和三十（一九五五）年あたりから次第に党に疑問を持つようになりました。やはり組織というものはどこかが腐敗するのでしょう。許せないと思うことがいくつかあって、その年の七月に共産党が従来の武装闘争方針から大転換を行った大会、いわゆる「六全協《ろくぜんきょう》」の時には仲間と代々木の党本部に押しかけて抗議し、日本共産党を見限りました。

翌三十一年にはハンガリーで、反スターリン派による蜂起《ほうき》が起こりました。

東大細胞の文学部班のキャップをしていた私は、班の機関紙に「ハンガリーの反政府運動はよくやった」とソ連批判を書きますと、さんざんに非難され、キャップを首になりました。非難した連中はいつのまにか「スターリン主義」になっていて、ハンガリー動乱を反革命と見たのです。その同じ連中が、しばらくすると今度は共産党を離れて共産主義者同盟（ブント）に移り、「反スターリン」を叫ぶという具合で、もう驚くしかありません。

東大駒場細胞は共産党本部によって解散させられ、再組織化が始まりました。私にも働きかけはありましたが、応じることはなく、そのまま共産党とは縁が切れたのです。「伊藤は除名された」という人がいますが、そうではありません。

高校教師になる

駒場から本郷へ進んだ頃、佐藤誠三郎《さとうせいざぶろう》君、渡邉昭夫《わたなべあきお》君と親しくなりました。二人とはその後、同志とも呼ぶ関係になります。同い年ですが、学年は三人とも別です。

佐藤君は、私が民青本部にいた頃の都立日比谷《ひびや》高校の民青のキャップでした。それでいつも連絡に来たりして、いろいろ話すようにはなっていました。ただ私が駒場に四年いたこともあって、彼のほうが追い越して、先に本郷の国史学科に進んでいたのです。

本郷にきてからは共産党から離れて、やっと本気で近代史の勉強を始めました。当時、近代史と言えば、明治期の歴史を指していましたので、卒業論文は地方民会をテーマに選び、まだ宮城《きゅうじょう》の中にあった内閣文庫に通いました。宮城の入り口で鑑札をもらい、内閣文庫に入るのです。『府県史料』も原本しかなく、その原本をぱらぱらめくりながら読みました。当時は国会議事堂の中にあった憲政資料室にも行きました。面倒な手続きを経て、すりきれた絨毯《じゅうたん》を踏んで閲覧する場所へ向かうと、そこにはいつも大久保利謙《おおくぼとしあき》先生（一九〇〇～九五）がいらっしゃいました。

共産党を抜けたといっても、最初は頭の中が「講座派的思考」に凝り固まっていて、これが完全に抜けるまではなかなか大変でした。当時の学界は、マルクス主義の発展段階説と階級闘争史観とが前提になっていましたが、その理屈では史料がまったく読めないことが勉強するにつれてよくわかってきました。しかし講座派では駄目だとわかっても、それに代わる方法論が見つかったわけではなく、ようやくのことで書いた卒業論文は、まったく自信のないものでした。

卒業論文の提出日には、あきらめに似た気持ちで「一応書いたけれど、自信がなくて出せない」と佐藤君に話したら、慌てて「いいから出せよ」と言う。仕方なく提出したものの、たぶん落ちるだろうと思っていました。

国史研究室の主任教授は、古代史の坂本太郎《さかもとたろう》先生（一九〇一～八七）でした。坂本先生が、「今年は、近代史の諸君が非常にいい論文をたくさん書きました」と言ったので、いったい誰のことを言っているのだろうと思って成績表をもらうと「優」がついていました。それで、やっぱり学者になろうと決めたのです。

大学を卒業したものの、就職活動をまったくしていませんので、さしあたり職＝食を得ることが必要でした。就職相談室の室長をされていた尾崎盛光《おざきもりてる》さんに、「高校の先生なら一つだけ口がある」と紹介されたのが、高千穂商科大学《たかちほしょうか》（現高千穂大学）の付属高校でした。

当時、日大鶴ヶ丘《にちだいつるがおか》高校と並んで東京で一番不良の多い高校と言われていましたが、行ってみると、「デモシカ先生」なのに、なぜか不良連中に慕われました。もっとも警察にはしばしば生徒をもらい下げに行かなければいけないし、お宅の生徒がうちの娘を連れてどこかへ行ったと文句を言いに来る親もいて、こんなところにいたら大変だと思ったのも事実でした。

民青の時からの仲間だった女性と同棲《どうせい》していて、給料がもらえるようになったからと結婚したのもこの時代です。とにかく貧乏でした。

大久保利謙先生と岡義武先生

高校の教師をやりながらも、修士に入るための勉強はなんとか続け、昭和三十四（一九五九）年に東大大学院の修士課程に進みました。学年では私を追い越した佐藤君は、反共で知られる下村冨士男《しもむらふじお》先生（一九〇七〜七〇）が、名古屋大学から東大の国史学科に赴任される際に反対運動をしたことで研究室からにらまれていたのか、大学院進学はかなわず、やむなく法学部に学士入学することになりました。この運動についても私が主謀者だという人がいますが、こちらも違います。

修士課程では、立憲改進党を研究しました。近代史、すなわち明治史の中でも、自由党に関しては左翼の連中が「革命政党だ」と位置付けて、それなりの研究がされていましたが、改進党はほとんど誰もやっていなかったのです。彼らが自由党をやっているのなら、こちらは改進党だという天邪鬼《あまじゃく》的な選び方です。

改進党に関する史料は、ほとんどが国会図書館の憲政資料室に、残りは東大法学部の明治新聞雑誌文庫にありました。早稲田大学にお願いして、新潟出身の政治家市島謙吉《いちじまけんきち》の史料も見せていただきました。

憲政資料室では、長く大久保利謙先生のお世話になりました。ご存じのように先生は、大久保利通《としみち》の孫にあたり、近代史研究の草分け的な存在です。大久保先生のところには、いろいろな人が訪ねてきましたが、来客のない時にはよく雑談にも応じてくださいました。

ある時、伺ったことがあります。

「先生は貴族院議員でしたね。議会ではどんな発言をなさったのですか」

大久保先生は何となく恥ずかしげなお顔で、そんなことを聞くなというようなことを言われました。そこでやめておけばよかったのに、さらにこう続けました。

「でも、歳費が入ってよかったですね」

すぐに、お叱《しか》りの言葉が返ってきます。

「君はそんなことも知らないのか！　公侯爵議員には選挙がないかわりに歳費もないのだよ。もっと勉強しなさい！」

ぐうの音も出ませんでした。

大久保先生には、福澤諭吉《ふくざわゆきち》についての講義なども受けたはずですが、講義についてはそれほど記憶はありません。むしろ憲政資料室にあった明治期の政治家、三条実美《さんじょうさねとみ》や岩倉具視《いわくらともみ》、伊藤博文《いとうひろぶみ》などの史料の由来話のほうを覚えています。史料というものに目を開かせてくださったのは大久保先生です。

修士課程の講義でいちばん印象に残っているのは、法学部の岡義武《おかよしたけ》先生（一九〇二～九〇）でした。岡先生はマルクス主義に対して非常に批判的でしたが、表向きはそんなことはおっしゃらず、手堅い研究をされていました。学識が深いとはこのことかと思うような講義でした。聞いているだけで、ずしりと重みを感じたほどで、講義のあとは本当にくたびれました。

東大の社会科学研究所助手になった直後には、岡先生が主宰しておられた法学部の政治史研究会のメンバーに加えていただきました。ほどなく、岡先生以下法学部の諸先生や助手たちの前で、修士論文に書いた立憲改進党の研究の一部を報告することになります。大変緊張しながら行いましたが、そこで先生が「よくやっている。面白い」と評価してくださったことが、私の意欲をどれほど高めたことか、今でも感謝とともに思い起こされます。

岡先生には木戸日記研究会にも誘っていただき、『木戸幸一《きどこういち》日記』の仕事もやりました。社会科学研究所の助手の任期が終わり、職がなく困っていた時に、東京都立大学（現首都大学東京）法学部助教授に押し込んでくださったのも岡先生です。

他にもお世話になった先生はいますが、先生と呼びたい方は、やはり大久保先生、岡先生のお二人です。

いかにマルクス主義から抜け出すか

下村冨士男先生は、東大文学部国史学科で最初に近代史の講座を持った方です。前任の高知大学や名古屋大学で左翼に激しく攻撃されていたので、東大ではもっと凄《すさ》まじい攻撃にあうだろうと気負いこんでおられました。しかし佐藤君も私も、すでに共産党から離れてしまっている。それを知らずに先生が一所懸命に、「反共、反マルクス主義」と強調するので、少し鼻白み、「先生は反マルクス主義というマルクス主義ですね。僕らは関係ありません」と言うと、きょとんとした顔をしておられました。「非マルクス主義」なんて考えられなかったのでしょう。

下村先生は、専攻が明治の外交史だったこともあって、

「僕は近代の担当だが、専門は近世だし、近代といっても明治初期の外交だから」

と言われ、外交史以外に演習の範囲を広げることには消極的でした。私たちがお願いして、『原敬《はらたかし》日記』を読むことになっても、

「これは自分にとっては同時代だから歴史の対象ではない。君らで勝手にやりなさい」

という調子でした。ですから学部でも大学院でも、佐藤誠三郎君、渡邉昭夫君、それから鳥海靖《とりうみやすし》君たちと自主ゼミのようなかたちで勉強していました。

私たちのグループは、佐藤、渡邉、私が中心でした。リーダーは佐藤君で、彼はいちばん弁が立って、才気があって、表で活躍する人、これに対して私は裏で作業をする人、いつの

まにか役割分担ができていました。ずっと後に政策研究大学院大学に行った時も、佐藤君は副学長で、こちらは研究室でひたすら作業、関係性はずっと同じでした。

とにかく議論をしました。佐藤、渡邉、私がしゃべるから、間に誰かが口を挟むことは非常に難しかったでしょう。みんな左翼から離脱した連中で、マルクス主義からいかに抜け出すかを考えていました。でも、まだ自分自身の拠《よ》って立つ理論、基盤がない。だからそれを議論し、模索していたのです。

また、私たちには尊敬すべき先輩がいませんでした。研究室では従来、近代史研究は学問ではないと言われてきて、専攻している人はほとんどいませんし、そもそも下村先生の赴任までは東大文学部に近代史の講座がなかったのです。他の大学を見ても、大江志乃夫《おおえしのぶ》氏、犬丸義一《いぬまるぎいち》氏など歴研系ばかりです。だから、修士課程を終えても、ろくな職があるとは考えていませんでした。私たちのグループは将来の見通しもないまま、議論も、研究会も、史料探しも、何でも自分たちでやるしかなかったのです。

渡邉昭夫君は、文学部大学院の修士課程を終えると、オーストラリアの奨学金をもらって彼《か》の地へ渡っていきました。渡邉君はそれまで明治時代、特に天皇親政運動の研究をしていましたが、この留学を経て、国際政治、日本外交史へと研究テーマを変えます。

六〇年安保の頃

六〇年安保は、修士課程の二年目でした。

佐藤君が、「デモだ、デモだ」と言っていましたから、付き合ってデモに行き、「民主主義を守れ」などと叫んでいました。あとで岸信介《きしのぶすけ》氏にインタビューして本を出すことを考えるとおかしいのですが、「岸を倒せ！」とも言ったかもしれません。

佐藤君は日共系を離れ、ブントなどの新左翼にかなりシンパシーを感じていたようですが、すでに運動から離れていた私は、彼らの過激な行動を少し斜めに見ていました。

六月十五日、国会突入デモで樺美智子《かんばみちこ》さんが亡くなった日のことはよく覚えています。

樺さんは国史研究室の四年生でした。あの日、大学で樺さんに会った時、「卒論の準備は進んでいるか」と聞いたのです。あまり進んでいない様子でした。

「何とかしなきゃな」と、私は言いました。

「でも伊藤さん、今日を最後にしますから、デモに行かせてください」と彼女は答えます。

「じゃあ、とにかくそれが終わったら卒論について話をしよう」

そう言って、別れました。

私は家庭教師のアルバイトが入っていたのですが、やっぱりデモが気になって、行く途中に国会議事堂前駅で降りました。外に出ると、道を隔てた向こうには議事堂の南門があって、中央大学のブントの勇ましい連中が丸太をぶつけていました。彼らが中になだれ込むところまで見てから、バイト先に向かいました。

帰宅すると妻の与志子から、デモで誰か女の人が死んだと告げられます。なぜか瞬間的に、樺さんだ、と思いました。深夜一時半近くになってラジオ関東（現アール・エフ・ラジオ日本）のニュースが、死者の名前を樺美智子と伝えました。

ほとんど眠れぬまま朝を迎え、早くに登校して、自分たちが何をすべきかを、佐藤君など国史研究室の友人たちと相談しました。私が提案したのは、国史研究室が中心となって全学合同慰霊祭を実行しようということでした。全学の統一した行動を第一の目的とし、ジグザグデモもシュプレヒコールもせず、安保反対も岸打倒もスローガンとして掲げず、厳粛な行進を行う、これが慰霊祭のイメージでした。

提案は了承されました。十九日午前零時には新安保が自然成立してしまいます。実行は十八日と決まりました。あと一日半しかありません。研究室全員で手分けして準備にかかりました。

樺美智子合同慰霊祭

会場の準備、受付、ビラの作成、立て看板、マイク、ピアノの調達と、やるべきことは山ほどありました。研究室のメンバーは仕事を分担して懸命に努力しました。

私は共産党と、共産党と反目していたブントに、この慰霊祭を一緒にやろうと説得を試みました。樺さんは共産党からブントに移行していましたから、共産党としては樺さんが自分たちと同じ立場だと思ってはいない。真正面からだけでは駄目だと思ったので、生活協同組合の「親分」は当然民青ですから、これをなんとか口説いて、とにかく場合によっては一緒にやってもいいという言質を得ました。ところがブントのほうは、共産党が来るならこれを「粉砕する」と言い出す。

そこで新左翼の一翼、第四インターの北原敦《きたはらあつし》君、のちに北海道大学の西洋史の先生になりますが、彼に「ここは一緒にやろうじゃないか」と話すと、「やる」と言う。結果として、文学部教授団、全大学院生協議会、全学助手集会連絡会、各学部学生自治会、東大職員組合、生活協同組合の六団体の協賛を得ることができました。北原君には、「たぶん人が大勢集まるから、警備隊がいないと困る。君のところでやってくれないか」と頼むとOKしてくれました。北原君は本当によくやってくれて、当日集まった連中からたくさんのカンパも集めてくれました。一文無しで始めたこのイベントは黒字になりました。

国史研究室の主任教授は宝月圭吾《ほうげつけいご》という中世史の先生で、彼に代表者になっていただき、デモの許可をとるために一緒に警察に行きました。警察では、デモの進路変更を求められました。警視庁の前を通ってはいけない、なぜなら警視庁前には右翼が集結しているから安全を保障できないと言う。警視庁の前ですら保障できないというのに、どうして他の道の安全を保障できるというのか、と私たちは抗議し、結局大半は当初の案が通りました。

樺美智子合同慰霊祭。最後列、プラカードの手前が著者、その前は井上光貞氏

当日は、一般学生と言われる人々をはじめ、その他民青もブントも、みんな乗っかって、もの凄い人が集まりました。会場になった教室には入りきれないし、安田講堂前の広場にまで人がぎっしりと詰まっていました。葬式らしく祭壇も作り、樺さんの写真を飾りました。

私は忙しく動き回っていて、慰霊祭の式典そのものに参加することはできませんでした。それでも式が始まったばかりの頃に、群衆の間を通り抜けた時に見た人々のまなざし、あの真剣なまなざしを忘れることはできません。

デモの開始前に、茅誠司《かやせいじ》総長の挨拶《あいさつ》がありました。これをまたブントの連中が怒って抗議しましたが、いい挨拶だと私は思いました。

車輛《しゃりょう》を先頭に、それに宝月先生を乗せ、私はその脇《わき》、民青とブントの代表も乗せて出発しました。すぐ後ろに法学部の連中が続くようにしたのは、彼らの大半が左翼ではなかったからです。途中で車輛の中のブントが、「もう一度国会に突っ込め」と叫びだし、民青はそれに野次を飛ばす。その様子がすべて車のマイクを通して流れるというデモになりました。東大の正門から出て、御茶ノ水《おちゃのみず》、神田橋《かんだばし》、日比谷交差点、国会正門、そして樺さんが亡くなった南門に作られた祭壇の前まで歩きました。

不謹慎な言い方かもしれませんが、六〇年安保の打ち上げとして最高のイベントになったと思いました。それで一切の政治活動をやめたのです。

しばらくして佐藤君と、安保運動のイデオローグと言われた清水幾太郎《しみずいくたろう》氏（一九〇七〜八八）に会う機会がありました。東大赤門隣の学士会分館で、学習院大学教授となった香山健一《こうやまけんいち》君や、全学連書記長だった小野寺正臣《おのでらまさおみ》君、評論家になった森田実《もりたみのる》君など、清水と行動を共にした人たちも一緒でした。佐藤君と香山君の付き合いからそうなったのだと思います。

この時、清水幾太郎氏は、日本共産党に裏切られたと言って泣きました。それを見て私は、がっくりきました。闘争というものは負けたからといって泣くものじゃないだろう。そこで何かをつかんで、もう一度相手をやっつけるならわかる。だが、泣くものではない。しかもわれわれ若い奴に向かって泣くとは、と思ったことを覚えています。

第2章　昭和史へ——史料収集事始め

東大社会科学研究所

昭和三十六（一九六一）年に東大大学院の修士課程を終え、東大社会科学研究所（社研）の助手に採用されました。同僚には、労働経済学の小池和男《こいけかずお》さんや労働問題研究の山本清《やまもときよし》さん、経済学の柴垣和夫《しばがきかずお》さんらがいます。

実は修士課程で改進党の研究を本格的に始める少し前に、社研の教授だった林茂《はやししげる》先生（一九一二～八七）の改進党についての論文を読んだことがありました。ちょっとおかしいなと思ったのは、府県の党員数がなぜか少ないことでした。林先生は、改進党系の新聞に掲載されていた党員名簿から数字を取ってきていたのですが、名簿と照合すると十何パーセントかが落ちているのがわかりました。そこで林先生のところへ行って、「修正したらどうですか。ずいぶん違ってますよ」と言いましたが、修正されません。さらに「修正を手伝いますから、修士が終わったら社研の助手にしてください」と妙な頼み方をしたのですが、まあそれで助手となったわけでもないでしょう。

とにかく助手に採用されたことで、それまでのアルバイトに追われる生活から抜け出せるのは確かで、朝から仕事ができることが嬉《うれ》しくてたまりませんでした。妻の与志子にも、「多少の暇もできるし、子供も作ろう。生活をエンジョイしよう」と言ったのですが、一年もしないうちに史料探しとインタビューとで、前にも増して忙しくなってしまいました。妻に言わせれば、「今と同じ」ということになります。

昭和三十年に、遠山茂樹さん、藤原《ふじわら》彰《あきら》さん、今井清一《いまいせいいち》さんの『昭和史』が岩波新書として刊行され、これを亀井勝一郎《かめいかついちろう》氏が批判したことで昭和史論争が始まります。同じ頃に井上清さんと鈴木正四《すずきまさし》氏との共著『日本近代史』が、翌三十一年には丸山眞男《まるやままさお》さんの『現代政治の思想と行動』が、それぞれ刊行され、昭和史への関心はいやが上にも高まっていました。そういうなかで私も、明治期の研究には区切りをつけ、本格的に昭和史を研究しようと考えたのです。

繰り返しになりますが、当時の学界には、マルクス主義の発展段階説と階級闘争史観が、当然の前提として存在していました。『昭和史』などを読んだ頃は、私も一応その枠内にいましたが、昭和史をやると決心したからにはマルクス主義から離れ、新たに近代日本を考える枠組みを作らなければならない、と考えるようになっていました。東大社研の助手の任期は五年です。せっかく五年間安定した身分で研究することができるのなら、ここで大転換しようと思ったのです。ただ、どこから始めるかが問題でした。

当時すでに、昭和五年のロンドン海軍軍縮問題は、いわゆる「大正デモクラシー」から「ファシズム」への巨大な政治的変革の一つの大きなターニングポイントだと言われていました。ターニングポイントというのは、ほとんどすべての政治勢力がそれに関わったということです。ならばこれに関することは「全部やろう。五年あればできるぞ」と思って、議会と政党から、右翼と左翼へと、すべてを実証的に研究しはじめたのです。

ただ昭和史を実証的にやろうとしても、信頼できる史料はありませんでした。

史料には大まかに分けて、公文書と個人文書があります。公文書というのは大蔵省や文部省にある文書ですが、まったく開示されておらず、国立公文書館も外交史料館も、設立されたのは昭和四十六年と、十年も後のことです。当時、大蔵省には財政史室がありましたが、部外者は入れず、防衛庁の戦史部も史料を見せてはくれませんでした。

そこで、個人文書に目を向けることにしました。公文書は最終的な文書、決裁文書であることが多いのですが、実際に政策プロセスを追うには途中経過を見る必要があり、その場合は、関係した人が持っている日記や書簡、メモや心覚えのほうが役に立ちます。それが個人文書です。

国会図書館の憲政資料室には、大久保利謙先生が個人文書を大変な努力で集めておられました。終戦直後に、初代国会図書館長を務めた金森徳次郎《かなもりとくじろう》氏が予算を付け、旧華族の家、たとえば岩倉家や三条家から、主に明治期のたくさんの文書を購入していたのです。

ところが昭和四、五年のロンドン軍縮期については、西園寺公望《さいおんじきんもち》の言動を秘書の原田熊雄《はらだくまお》が口述した『西園寺公と政局』、青木得三《あおきとくぞう》の『太平洋戦争前史』、『昭和四年五年倫敦《ロンドン》海軍条約秘録――加藤寛治《かとうひろはる》遺稿』といったものぐらいしかなかった。

社研の教授だった林茂先生に聞かれたことがあります。

「伊藤君、助手論文のテーマは何にするのか」

「昭和史です」と答えたら、

「冗談だろう。そんな史料のない時代をどうやってやるんだ」

それぐらい昭和史の史料はなかったのです。

聞くところによると、同じ東大でも法学部では、指導教授の反対は絶対のようですが、文学部ではさほど気にせず、「なければ、自分で探します」と言って始めました。「やるぞ」と思ったのです。

この「自分で探す」というのが、一生の仕事のスタイルになりました。ロンドン海軍軍縮期では、さすがに探す範囲を広げ過ぎたのですが、それでもこの「やるぞ」というのはとても好きで、面白かったことを覚えています。新しい史料が出てくるといろいろ見えてくるし、人の話を聞くと、ああ、そうかと思う。興奮しますね。

気になる人物がいると、まず東大図書館の書庫で『人事興信録』にあたり、順々に新しい『人事興信録』でその人物を追っていき、現在の『人事興信録』『学士会会員氏名録』『電話帳』で、関係者あるいは遺族の所在を調べる。住所がわかると、現役の方々には質問を書いて談話をお願いし、ご遺族の方には「かくかくしかじかの史料をお持ちではありませんか」と手紙を出します。百通出したら、二十通ぐらいの応答があります。そのうち「史料を持っています」という返事が半分の十人で、その十人のところへ行って、実際に史料があるのは五人ぐらい。そうやって調べていったのです。

小川平吉関係文書

東大社研の助手時代に見つけた史料でいちばん印象的なのは、何といっても小川平吉《おがわへいきち》関係文書です。

小川平吉（一八六九～一九四二）は大正から昭和にかけての政友会幹部で、田中義一《たなかぎいち》内閣では鉄道大臣を務めています。のちに孫にあたる宮澤喜一《みやざわきいち》氏が首相になり、彼にもインタビューをしたり史料をいただいたりするのですが、当時は知る由もありません。

ロンドン軍縮期に小川は、五私鉄疑獄事件で一時的に政治生命を失っていました。それでもロンドン条約に対する反対運動を追っていくと、新聞『日本』や雑誌『日本及《および》日本人』などの関係で、小川の存在が大きいことがわかるのです。

信州の小川家別荘にて。前列左から佐藤誠三郎氏、著者、三谷太一郎氏、後列左から坂野潤治氏、鳥海靖氏

小川の遺族を調べるのは、それほど難しくはなかった。小川平吉が亡くなったのは昭和十七（一九四二）年なので、時間的な距離はせいぜい二十年しかなく、現在からすれば、たとえば六〇年安保よりずっと近いわけです。

長男の小川一平《いっぺい》さんは、終戦時は内閣書記官で、終戦の詔勅にも関わっていました。昭和三十九年十二月当時は後楽園の副社長をされていて、連絡をとると、「父親の史料はあるけれど、信州の山奥の別荘の蔵の中です。この冬の寒いなかじゃ大変だから春になったら行きなさい」と言われました。

だが矢も楯《たて》もたまらず、すぐに見たいとお願いして、信州の富士見《ふじみ》へ一人で出掛けて行きました。雪が降り積もるなか、別荘の管理人の方にお世話になって蔵の中に入れてもらったら、日記から書簡から、ありとあらゆる史料が、本当に山のようにありました。

翌春には本格的に目録作りから始めようと、佐藤誠三郎、三谷太一郎《みたにたいちろう》、鳥海靖、坂野潤治《ばんのじゅんじ》、松沢哲成《まつざわてつなり》というメンバーで信州へ向かいました。佐藤君以外は、少し年少の仲間たちです。五日間泊りこみで、朝から晩まで目録とりをやり、冊子を作りました。その後、小川平吉文書研究会を立ち上げましたが、研究というよりも、作業ばかりやっていたような気がします。

そもそも、文書の文字が読めないのです。近代文書の手引きなんて、まだなかった時代です。国史研究室の下村冨士男先生は近世が専門ですから、近代の草書は読めない。仕方なく、坂野君と独学で字を読む勉強を始めました。坂野君とは大阪経済大学に一緒に行って、第一次西園寺内閣の衆議院議長杉田定一《すぎたていいち》の関係文書を見せていただき、勉強会でそれを読んだこともあります。

やってみるとわかったのですが、私が読めない文字は坂野君が読める。彼が読めないのは私が読める。なにくそ、人が読めないものは絶対俺が読んでやる、と思うと読めるのです。そうやって、私も坂野君も読めるようになりました。どうしても読めない文字は父に頼みました。父は書道の先生でもあるので、さすがに読めるのです。父伊藤裕の書いたものは、秋田高校の門札の他、秋田には今でもいくつか残っています。

小川平吉関係文書の日記・来簡・書類は膨大なものでした。もちろんロンドン軍縮の史料として興味深いものも多く含まれていましたが、実はいちばん興味を引かれたのは張作霖《ちょうさくりん》爆殺事件の記録でした。この事件の内閣側や浪人側の動向を知る上で最大の史料です。その他にも、明治末の議会の動向、日比谷焼討事件、新聞『日本』を中心とする反共産党運動、支那事変の和平交渉など、さまざまなものがあり、明治中期から大正にかけての対外硬派に関わる史料なども印象深いものでした。

やがて小川平吉関係文書を本にまとめることになり、編者を研究会名にし、代表者には岡義武先生になっていただきました。小川一平さんが岡先生と一高の同級生という縁もあって、本にする際には、岡先生から一平さんにお願いして許可をいただいたからです。

『小川平吉関係文書』は、昭和四十八年にみすず書房から刊行されました。話を持っていった時、みすず書房の高橋正衛《たかはしまさえ》さんに、「これは出版助成金でももらわないことにはどうにもならないよ」と言われました。とはいえ高橋さんも、出版助成金のもらい方を知りません。そのまま計算した結果、定価を三万円以上にしないと成立しないとわかり、

「さすがにちょっと高すぎるんじゃないか」と言うと、

「助成金が来たらその分だけ定価を下げる」との答えが返ってきました。

ご存じの通り、あとから定価を下げるなんてできるはずはありません。

解題は二段組で百二十ページと、かなり詳細なものを書きました。学生だった有馬学《ありままなぶ》君に国会図書館の『日本弁護士協会録事』を端から見て、小川の事績を全部引っ張り出してもらったのですが、彼によると、それが初めてのアルバイトだったそうです。私の学生指導は

そんな調子で、実際に作業をしながら覚えさせることが多く、学生にはいろいろな仕事をしてもらいました。

史料から史料へ

一つの史料に辿《たど》り着くと、それがまた別の史料につながっていくことがあります。史料を少し借りてマイクロフィルム化し、それを返しに行った時には、「また次を貸してください」とお願いしますから、その家には何度も通います。ロンドン軍縮期を調べた時も、政界の策士と呼ばれた小泉策太郎《こいずみさくたろう》の文書を収集するために、世田谷におられた小泉の息子夫人のところに通いました。

ある時、お宅の周辺をぶらぶら歩いていたら、何か由緒のありそうな家が目につき、表札の文字が消えかかっているようなので、そばへ寄ってよく見てみると「真崎」と読める。帰宅して『人事興信録』を見たら、皇道派の陸軍大将、真崎甚三郎《まさきじんざぶろう》（一八七六〜一九五六）の住所と合致しました。これは間違いなかろうと、「史料をお持ちではありませんか」と息子の秀樹《ひでき》氏に手紙を出しますと、甚三郎未亡人から返事が来ました。

「息子は外務省勤務で今は外国赴任中ですので、帰国したら連絡させます」

真崎秀樹氏は、昭和天皇の通訳を務めたことで知られています。この偶然が、日記をはじめとする真崎甚三郎文書につながるのです。

集めた史料の行き先

東大の社研ではいつも林先生の研究室にいて、そこで作業をしました。部屋が広くて、なぜか林先生自身があまり部屋にいなかったので、私が研究室を占領していると見る人もいたようです。都立大学に移った後も、校舎が学生運動によって封鎖されたこともあって林研究室で仕事をしていました。

林先生は、研究には史料が不可欠だと言うわりには、自分で集めることはありませんでした。ただ人が集めた史料は研究室にすべて置いてあって、ことに戦前の社会運動・学生運動関係の史料は充実していました。けれども、なかには三輪寿壮《みわじゅそう》や菊川忠雄《きくかわただお》の関係文書などのように、あれからどこへ行ってしまったのかわからないものもあります。

実際、林先生には、「学者に貸すと史料がなくなる」と評判になるようなところがありました。見かねて私は、

「一次史料をこんなところに置いていていいのですか。遺族にことわって、資料室なり図書館なりに入れたらどうですか」

と言ったのですが、すでに遺族の連絡先すらわからなくなっていた人もいました。

林先生がそんなふうでしたから、私は「一次史料は絶対に自分で持たない」との原則を固く守ってきました。遺族の方には、「原史料は大事にしておいてください。そのうち憲政資

料室に入れてください」と言います。逆に、それで失敗したこともあって、しばらくしてから展示会に出陳してもらおうと思って、お宅に伺ったら、あれは処分したと言われ、結局マイクロフィルムしか残りませんでした。

国会図書館憲政資料室の昭和戦前期の史料の大半は、東大社研の時代に集め、順次入れていったものからなっています。もっとも当初は、憲政資料室に対抗して東大の図書館に集めましたし、その次には独自の史料集積機関を設立しようと考えました。これについては、十年ほどのちの昭和四十八（一九七三）年の『読売新聞』に「日本近代史料センターを作ろう」と題する一文を書いています。国立公文書館がようやく設立された頃でした。

私は研究をはじめて以来十数年間こういうこと〔その問題に関係した人々及びその遺族の消息を追い、手紙を出して史料の存否をお伺いし、史料のある場合は研究のために閲覧させてくださるようお願いし、何回も足をはこんで、見せていただく〕をくり返して来た。そしてその結果日本近代史の史料を早急に蒐《しゅう》集《しゅう》しないと後に悔いを残すことになるのではないかということを痛感しているのである。

第一に、震災やら第二次大戦の戦災やらで、近代の史料のかなりの部分が亡失してしまったことは、関係者や遺族の方々からいただく御返事からみてあきらかである。にもかかわらず、かなり大量の史料が残されていることもたしかである。（中略）

第二に、すでに亡失してしまったという御返事を下さった方々の中に最近になって処分してしまったという方が少なくなかったことである。お聞きしてみると、主たる原因は家の建て替えである。（中略）こういうことから現在急速に史料が亡失しているのである。だから何とかして、急速に史料蒐集の仕事をしなくてはならない。（中略）

といっても、自分自身ないしは研究室にこうした史料を購入したりする予算はないし、仮にあったところで、それを継続的に整理し、安全に保管し、必要な人々に公開する（それをしなければ私蔵することになる）だけのことは出来ない。（中略）

そこで原史料は、既存の機関に買い取っていただくことにするのだが、これも受け入れ機関の予算や人員やら、また所蔵者の側の意向で必ずしもうまく行くわけではない。（中略）

こんな体験から、私はいつも、日本近代史料センターといったものがほしいなあと思っている。これ自体が、史料を購入し、保管・閲覧業務をする必要は必ずしもない。むしろ既存の機関の充実に協力し、また研究者と緊密に協力して史料についての情報を蒐集し、史料についての知識を集積し、亡失にさらされている史料をほりおこし、関係者と協議しながら、その整理、場合によっては復刻のためのプロジェクト・チームを作る予算をもち得るような機関である。（後略）

具体的には、憲政資料室を半ば独立した機関にすることを考えていました。しかし、小川平吉関係文書を入れることが実現し、その後も憲政資料室所蔵の伊藤博文関係文書を、十年近い歳月を費やして『伊藤博文関係文書』全九巻として編纂・刊行したことなどにより、とにかく憲政資料室の近代史料を充実させていくことにしたのです。

平成二（一九九〇）年には憲政資料室の客員調査員になり、それ以来毎年数件ずつ、多い時には十数件、憲政資料室所蔵の近代史料は増えていきますが、これには憲政資料室の広瀬《ひろせ》順晧《よしひろ》氏の熱心な努力も大きく与《あずか》っています。広瀬氏が駿河台大学に移ってからは、主として堀内寛雄《ほりうちひろお》氏に協力しました。

実現しなかった日本近代史料センター構想は、平成十六年から刊行が始まった『近現代日本人物史料情報辞典』につながります。

一人インタビューの始まり

社研の助手時代には、史料の探索だけではなく、ロンドン軍縮期の研究のため、関係者への一人インタビューも始めました。

すでに参加していた木戸日記研究会や内政史研究会でも、複数の聞き手によるインタビューは経験していましたし、林先生に言われて読売新聞社から出た『日本終戦史』の分担執筆をした時には、読売新聞の記者だった塩田丸男《しおだまるお》氏の手引きで、いろいろな人にインタビューをしました。でも自分としては、一人でやるほうが好きなように話を聞けるし、やりやすく感じました。

最初に一人でインタビューしたのは、平沼騏一郎《ひらぬまきいちろう》内閣の首相秘書官だった太田耕造《おおたこうぞう》氏（一八八九～一九八二）です。

この時は、ちょっとしくじりました。あらかじめ質問票を渡していたのですが、「原田熊雄はこう書いていています。それについてどう思いますか」と尋ねたとたん、「そんなものを読んでいるとはけしからん」と怒り、それきり口を噤《つぐ》んでしまったのです。「原熊史観」は相手にしない、というわけです。当時、質問する手掛かりになるものといったら『西園寺公と政局』ぐらいしかありませんので、私も相当頑張りましたが、向こうも構えていたのです。太田耕造日記には、「伊藤隆氏来訪。二時間あまり粘り去る」とだけ書かれています。

皇道派の陸軍大将、荒木貞夫《あらきさだお》氏（一八七七～一九六六）には、昭和三十九（一九六四）年に二回インタビューをしましたが、これも忘れられない経験です。当時八十七歳でした。狛江《こまえ》のお宅に伺って質問をすると、すぐに話題を転じて、「今の国際情勢を見るに……」と演説を始めてしまい、なかなか昔の話を聞き出せず苦労しました。

当時も今もインタビューのやり方は変わりません。関心のある事柄があるとしても、それを聞くにはその前のことも聞かなければなりませんから、結局はその人の一代記を聞いていていくことになります。ただインタビューの前にがちがちに調べるのではなく、だいたいのところを押さえたら、あとはその場の流れで聞いていく。こちらがあんまり調べて、質問の中に答えが出てくるようになってはまずいし、調べたことも、すべて相手の口から言ってもらわなければなりませんから、なるべくこちらが口を出さないようにするのです。そうすると、こちらの心積りとはまったく違うものになっていって、それが面白いのです。相手も話すのが楽しくなる。そうなると困ったことにインタビューの回数がやたらと増えて、二十数回やっても、まだ人生の半分にも到達しないなんてことにもなってしまいますが。

もう一つ、インタビューをする時に心がけていたことがあります。それは、戦前の話を聞く時、その人の立ち位置は現在とは違っている。だから当時のことを違った見方で弁明するわけです。弁明ではなく、その当時どう考えていたかをいかにうまく引き出すか、これが肝要です。こちらはかなり積極的に、「今の価値観でマイナスだとしても、そのままをお話しください」と言うのです。そうすると、すごく気楽になって話してくれることがありました。

インタビューのやり方は、昔も今も変わりませんが、記録の仕方だけは全然違います。その頃はオープンリールの七インチ、重たい機械を持って歩いて行きました。オープンリールが五インチになった時、これはすごい、助かるなと思ったものです。

インタビューの書き起こしも、最初は自分でやっていましたが、研究費が使えるようになってからは速記者を頼むようになりました。

「日本近代史研究の二、三の問題」

昭和三十八（一九六三）年に、佐藤誠三郎君と鳥海靖君、高村直助《たかむらなおすけ》君とともに、歴史学研究会編集の『歴史学研究』に、「日本近代史研究の二、三の問題――岩波講座『日本歴史』近代（1～4）によせて」を発表しました。

その前の年、遠山茂樹さんから佐藤君に、『歴史学研究』で「岩波の講座の書評を書かないか」との話がありました。それでこのメンバーでずいぶん長いこと議論して、各人がそれぞれ原稿を書き、それを佐藤君が跡形もないくらいに統一して、それをもとにまた議論して、というように作り上げていったものです。

冒頭を少し引用します。

ここ数年来、日本近代史の研究が一つの壁にぶつかっているということがしばしば指摘されてきた。その壁とは一体何であり、それはどのようにして打破されようとし、または打破されないでいるのだろうか。このような視点にしぼった上で、これまでの研究史のポイントに直接ふれると考えられるいくつかの論文を選んで検討することが出来れば、まがりなりにも「講座」の批評になりはしないだろうか。

論文「日本近代史研究の二、三の問題」が対象にしているのは明治期です。維新期から憲法制定あたりまでしか視野に入っていません。自分で久しぶりに読み直すと、我ながらこんな観念的なことを言っていたのかと驚きます。たとえば、次のような箇所です。

「『一般的法則の日本における貫徹』という表現からも明らかなように、『第二段階』においては、『一般的法則』は既知の完結した体系として、いわば所与として一般に考えられていた。したがって当然その『一般的法則』の学習と日本史におけるその顕現の検証とに主要な努力が注がれることになったのである。作業仮説の実験（実証）による訂正を無限に積み重ねて行くことが経験科学発展の基礎であるとするならば、以上のような『法則』感が経験科学としての歴史研究を行き詰らせずにおかないことは明白であろう」

この論文では主に、芝原拓自《しばはらたくじ》氏の「反幕諸勢力の性格」と下山三郎《しもやまさぶろう》氏の「自由民権運動」を俎上《そじょう》に乗せて論じています。要は、マルクス主義の一般法則、発展段階説と階級闘争論で日本近代を読み解こうとすると大変な矛盾が生じる。それを解決するためには、前提を取っ払わなければならない、という身も蓋《ふた》もない議論です。

ただ、マルクス主義に対置すべきものを提示してはおらず、「批評とは本来、積極的見解の対置によって完結すべきものであるが、紙数の関係もあってそれを行ないえなかった点についても御了解を乞《こ》いたい」と、時間と紙数のせいにしていました。

『歴史学研究』には渡邉君の論文は掲載されたことがありましたが、佐藤君も私も初めての投稿でした。遠山さんから話があった時に、佐藤君は、どういった内容を書いてもいいという了解をとっていましたが、実際にこの論文が投稿されると大問題になります。遠山さんは歴史学研究会の中で重きをなしていて、彼が佐藤君に言質を与えてしまった以上、どうしようもないということで掲載されたらしいのです。遠山さんもこれによってかなり批判されたようで、佐藤君から間接的に聞いた話では、非常に困惑していたそうです。反響はそれだけで、学界からはまったく無視されました。こちらとしても歴研への縁切状のようなもので、これを出したらおしまいだな、という気持ちがありました。

これ以降、私たちのグループは歴史学研究会から排除され、お互いにまったく近づかないという関係になりました。完全に学界主流から浮いてしまって、大学のポストなど先行きはないという感じでした。もっとも個人的には、それまでのさまざまな仕事を通じて、イデオロギーは別として、話し合える人はかなりの数にのぼっていました。

第3章　木戸日記研究会のことなど

木戸日記研究会

岡義武先生に誘われ、佐藤誠三郎君、三谷太一郎君とともに木戸日記研究会に出席するようになったのは昭和三十八（一九六三）年のことです。この研究会の始まりは、記録によれば昭和二十三年に遡《さかのぼ》ります。

木戸孝允《きどたかよし》の実妹の孫で、農商務省を経て内大臣秘書官長、宗秩寮《そうちつりょう》総裁、内大臣などを歴任した木戸幸一（一八八九～一九七七）の日記は、東京裁判で重要な証拠物件に取り上げられたことから、その存在は広く知られていましたが、公刊されてはいませんでした。東京裁判で父親の弁護にあたった次男孝彦《たかひこ》氏が岡先生の学生でしたので、岡先生の希望を容《い》れ、研究のために日記や文書が提供されていたのです。研究会のメンバーは、私が参加した段階では、木戸孝彦氏、林茂、丸山眞男、石田雄《いしだたけし》、井上光貞の諸先生に、安井達弥《やすいたつや》氏で、会合は東京大学出版会の会議室で開かれました。

おそらくは『木戸幸一日記』を出版しようというので、その要員として私と佐藤君と三谷君が加えられたのでしょう。出版の担当は林茂先生で、日記のコピーに句読点と人名註をつけるのですが、林先生の机の上に積まれたまま、いつまで経っても東京大学出版会へ持ち込まれそうにありません。東京大学出版会の石井和夫《いしいかずお》さんが、

「伊藤さん、木戸日記をどうしようか」と聞くので、

「出版会に持って行っちゃおう」

そう言って作業をし、版を組んでしまいました。あとの作業もすべて、私がやりました。仕方ありません。おかげで石井さんとはすっかり親しくなって、頼りにしてくれるようになりました。

木戸日記研究会は史料を読むだけではなく、木戸幸一関係の人々へのインタビューも行いました。私が入る前から始まっていて、正確な記録が作成されていなかったので、それ以前の安藤良雄《あんどうよしお》先生、林先生、今井清一さんらの行ったインタビューを文字に起こし、その欠を補うかたちで、企画院総裁なども務めた陸軍軍人鈴木貞一《すずきていいち》氏（一八八八〜一九八九）にインタビューしたのです。鈴木貞一氏と、やはり陸軍軍人だった井上光貞先生のお父さんとが親しかったことから話が進み、昭和三十九年から四十四年にかけて計八回行いました。

これをきっかけに研究会では、昭和十年代に活躍した人々、特に陸海軍の軍人などのイン

タビューをしました。星野直樹《ほしのなおき》、西浦進《にしうらすすむ》、十河信二《そごうしんじ》、片倉衷《かたくらただし》、有末精三《ありすえせいぞう》、大井篤《おおいあつし》、林秀澄《はやしひでずみ》、稲田正純《いなだまさずみ》、岩畔豪雄《いわくろひでお》、富岡定俊《とみおかさだとし》、塚本誠《つかもとまこと》、牧達夫《まきたつお》、牛場友彦《うしばともひこ》といった人々に話を聞き、速記を本人に校閲してもらってタイプ印刷で冊子にしました。のちに参加した竹山護夫《たけやまもりお》君も、聞き手として大きな役割を果たしました。

元海軍次官の岡敬純《おかたかずみ》氏（一八九〇～一九七三）のように、ほとんど話をしてくれなかった方もあれば、東條英機《とうじょうひでき》内閣の海軍大臣だった嶋田繁太郎《しまだしげたろう》氏（一八八三～一九七六）のように、速記をしてはならぬということで、残念ながら記録のない方もいます。お二人は日記を遺《のこ》していて、ことに嶋田氏はインタビューの時、日記を隠してちらちら見ながら話していました。嶋田繁太郎日記は現在、軍事史学会が刊行準備を進めています。

『木戸幸一日記』には松井成勲という政界浪人がしばしば登場しますが、彼のインタビューも印象深いものでした。松本清張《まつもとせいちょう》氏の『昭和史発掘』では、田中義一の政治資金の出所を調べていた石田基《いしだもとい》検事を殺害した犯人として松井成勲を示唆していますし、木戸孝彦氏も、かなり怖い人物だと言っていたので、国会近くの氏の事務所へはこわごわ出掛けました。東京大学出版会の石井和夫さんも一緒でした。それでも私は、「あの時はどうでしたか」といろいろ聞きましたし、松井氏は松井氏で憤然として「俺は人殺しなんかしていない」と語っていました。ところが、終わると石井さんは、「あんな怖い人のところへ行くのはもう御免だ」と言うのです。たまたま松井氏の正面に座ったため、ずいぶん怖い思いをしたようでした。これも残念ながら速記が残っていません。

丸山眞男さんと『木戸幸一日記』刊行

木戸日記研究会では、丸山眞男先生もメンバーでした。私が丸山さんの本を読んだのは佐藤誠三郎君の影響がありました。佐藤君はいつでも尊敬する人がいないと駄目なのです。ある時期は遠山さん、遠山さん、遠山茂樹さんですね、そう言ってましたし、ある時期には、丸山さん、丸山さんだったのです。

丸山先生は政治史や実証研究にも理解があって、一応私の仕事も見てくれていたようです。「君はSein（存在）の学で結構だ。私はSollen（当為）の学だ」

そういう言い方をされました。ただ直接議論をするとか、話し合ったことはありません。

私のほうも、丸山さんのお書きになるものには少し鼻白むところがありました。もっとも昭和五十一（一九七六）年になって、中村隆英《なかむらたかふさ》さんとアメリカに行った時、二人して「丸山神社に参拝しよう」と言って、当時在外研究でプリンストン高等学術研究所にいた丸山先生を訪ねたくらいですから、まったく疎遠な関係というわけでもないのです。その時は『東京大学百年史』を編纂する仕事に入っていたので、昔の東大の話や史料を提供してくださいとお願いした記憶があります。

ちなみに佐藤君の尊敬対象は、丸山先生の次は京極純一《きょうごくじゅんいち》さんで、その次が衞藤瀋吉《えとうしんきち》さんと変わっていきます。

『木戸幸一日記』上下は、昭和四十一年に刊行されました。

それから間もないある日、大久保利謙先生が、

「君らが『木戸幸一日記』を出したおかげで僕はひどく迷惑をこうむった」

と真顔で文句を言われたことがありました。ご親戚《しんせき》のどなたかについて、あまり好ましくない事実の記載があり、その家から苦情が出たということでした。近代、特に新しい時代の史料の場合、こうしたことは起こりうることで、気にはしていたのです。

木戸日記の場合、宗秩寮総裁をされていた時期の記述にやや心配な箇所があったので、当時ご存命だった木戸幸一氏ご本人に伺ったところ、「一言一句原文のまま出せ、もし何か苦情が来たら自分が対応する」と答えられました。

それにしても近代史研究者である大久保先生が苦情を言われたのは心外で、やはり大久保家ともなると、こうした問題は厄介なのだろうかと割り切れない思いでした。

木戸日記に続いて『木戸幸一関係文書』も出すことになり、これも林先生に代わって安井達弥氏と二人で担当しました。

収録する手紙の差出人およびその遺族に了解を求める手紙を出すことから始めましたが、そのなかで重光葵《しげみつまもる》（一八八七〜一九五七）の未亡人から返事が来ないという問題が起こりました。

待っていても仕方ないから、直接訪問してみよう、と神宮前《じんぐうまえ》にあった重光家を突然訪ねました。大きなお屋敷で、ベルを押してもなかなか人が出てきません。もうあきらめようかと思ったところに、女中さんらしき人が出てきたので、かくかくしかじかで、と説明しました。女中さんは「お待ちください」と言って引っ込んだまま、なかなか出てこない。ずいぶん待たされたあげく、女中さんがまた出てきて、「奥さまはどうなりとご自由にしてくださいとおっしゃっています」と言う。承諾する旨、何か書いたものをいただきたかったのですが、とりつく島もなく、早々に引き揚げました。

このことを木戸孝彦氏に言ったら、重光の奥さんは重光に面白くない思いでいるんだと言われたことを覚えています。それから数十年を経過して、重光家からその関係文書を出版させていただくことになろうとは思いもかけませんでした。

内政史研究会

昭和三十八（一九六三）年からは、行政学の辻清明《つじきよあき》先生（一九一三〜九一）が主宰する内政史研究会にも出席するようになりました。

この会には辻清明先生を中心として、阿利莫二《ありばくじ》、赤木須留喜《あかぎするき》、大島太郎《おおしまたろう》、大島美津子《みつこ》、杣《そま》正夫《まさお》、高木鉦作《たかぎしょうさく》、中村陽一《なかむらよういち》、渡辺保男《わたなべやすお》、石田雄、升味準之輔《ますみじゅんのすけ》といった東大法学部の行政学や政治学、政治史の研究者が集まって、主に旧内務省地方局関係者から聞き取りをしていました。資料によれば昭和三十八年三月が最初で、私が加わる前にすでに、後藤文夫《ごとうふみお》、堀切善次郎《ほりきりぜんじろう》、星野直樹、青木得三といった人々のインタビューが行われています。

会に加わった経緯は忘れましたが、昭和四十年の名簿に、佐藤誠三郎君とともに新会員として伊藤隆の名前が載っています。初期は大島氏が中心となっていたようですが、私が入った頃には升味氏が中心で、升味夫人が事務局を担当していました。速記録はタイプ印刷で刊行しましたが、資金の行き詰まりで印刷できなかったものもあります。

有竹修二《ありたけしゅうじ》氏の聞き取りから加わり、その後も、安倍源基《あべげんき》、松本学《まつもとまなぶ》、後藤隆之助《ごとうりゅうのすけ》、加藤祐三郎《かとうゆうさぶろう》、大森曹玄《おおもりそうげん》、永井了吉《ながいりょうきち》、村田五郎《むらたごろう》、清水重夫《しみずしげお》、北村隆《きたむらたかし》、永野若松《ながのわかまつ》、橋本徹馬《はしもとてつま》、桂皐《かつらたかし》、稲村隆一《いなむらりゅういち》、宝樹文彦《たからぎふみひこ》などの方々へのインタビューには積極的に関わっていきました。

警保局関係者の最初となった元内相の安倍源基氏は、相当イデオロギッシュな人を想像していたのですが、意外にも、いかにも役人然とした人物で驚いた覚えがあります。先に関係する史料を読んで、なんらかのイメージを持って本人に会った時に、そのイメージと著しく異なることはしばしばあることで、これはインタビューの醍醐味《だいごみ》とも言えます。

警保局長だった松本学氏は、世界貿易センター会長の職に就いておられたので、銀座の事務所だけでなく、その後建てられた浜松町《はままつちょう》の世界貿易センタービルの事務所にも伺いました。氏も「てのひら哲学」などから精神主義的な方かと想像していたらまったく違って、相当な年齢にもかかわらず、太平洋を行き来する物流の将来像などを熱く語っておられたのが、非常に印象的でした。松本氏の日記を含む関係文書は憲政資料室に寄贈していただき、日記の一部は広瀬順晧氏と共編で『松本学日記』として山川出版社の「近代日本史料選書」の一冊に入れました。

研究会の後始末

研究会は人の集まりですから、各人が忙しくなって集まりが悪かったり、資金が欠乏すると、自然消滅していかざるを得ません。

木戸日記研究会も内政史研究会も、その解散と残務処理は、私がすることとなりました。木戸日記研究会は、いつからかメンバーが変わり、中村隆英さんや鳥海靖君、竹山護夫君、山口利昭《やまぐちとしあき》君らにも参加してもらっていましたが、昭和五十五（一九八〇）年頃には聞き取るべき方はほとんどいなくなっていました。そこで『木戸幸一日記・東京裁判期』の刊行が終わると、出版しなかった史料も含めて井上光貞先生が初代館長をしていた国立歴史民俗博物館に運び込み、実質的にその役割を終えました。史料はマイクロフィルムで撮影したので、現在国会図書館の憲政資料室で見ることができます。

その後、私がひどく忙しくなってしまったため、正式に解散総会を開いたのは、それから十年以上経った平成四（一九九二）年七月のことでした。解散とともに『木戸幸一日記』などの印税をもとに、東京大学出版会の中に、小規模ながら木戸幸一日記基金を設立し、昭和史史料の刊行に役立てることとしました。

内政史研究会もやはり昭和五十年代に入ると、会員メンバーが忙しくなったり、財政的に苦しくなったりして、活動が活発ではなくなりました。升味準之輔氏の長期アメリカ滞在をきっかけに、私が事務局を引き受けるようになっていましたが、昭和五十二年に聞き取りは中止となり、六十一年に会の主要メンバーが集まって解散を決定しました。こちらも私の多忙を理由に解散総会の開催が遅れ、平成六年にようやく開催されました。残されたテープや速記録などは、国会図書館憲政資料室に入っています。

アジア財団と日本近代史料研究会

史料の発掘、整理、インタビューには、当然ながら費用がかかります。木戸日記研究会や小川平吉文書研究会に集まっていた私たちは、昭和四十一（一九六六）年にアジア財団に援助の申請を出しましたが、そのために作ったのが日本近代史料研究会です。

アジア財団から援助をいただくことは、ハワイ大学のジョージ・アキタ氏からも勧められていました。アキタ氏は、駐日アメリカ大使も務めたエドウィン・ライシャワーの弟子の一人で、櫻井《さくらい》よしこさんの恩師でもあります。ただ、アジア財団は当時、左翼から「アメリカ帝国主義の手先」だと攻撃されていて、東洋史のグループがそこから資金を得たことで大変な議論になり、対立が生じていました。私はアジア財団の援助をもらうと断固として言い張り、岡義武先生、丸山眞男さん、石田雄さん、安井達弥さん、三谷太一郎君、佐藤誠三郎君と相談して事を進めました。しかし、いざ申請するとなったら、まず丸山さんが逃げ、石田さんも逃げてしまいました。そんななかで岡先生が、

「僕だけが残っているのはやはり具合悪いから抜けるけれども、君たちはやりなさい。僕が絶対支持してやるから、誰が何と言おうと大丈夫です」

と言ってくださったのは心強かったです。

結局、法学部の三谷太一郎君を代表者として申請し、昭和四十二年にアジア財団から、三年間で千五十五万円の資金が供与されることに決定しました。当時としては大金ですから、ずいぶん仕事がはかどりました。この資金で、木戸日記研究会のインタビューや『小川平吉関係文書』の編纂などを進めた他、伊藤博文宛の書簡数千点の整理と総目録作成、昭和研究会関係史料の収集や複製、その他さまざまな人物の聞き取り作業を進めました。『大蔵公望《おおくらきんもち》日記』もこのお金を使ってタイプ印刷で出版しています。この時力になってくれたのが、学生だった有馬学君や吉見義明《よしみよしあき》君です。

精力的に仕事を進めたため資金はたちまち減少し、昭和四十四年と四十五年には、アジア財団に研究助成の延長を申請しました。ところが、この三年の間に日本は目覚ましい経済成長を遂げていて、アジア財団はすでに他のアジア諸国に援助の重点を移していたため断られてしまい、仕方なく手持ちの資金を運用しながら昭和六十年まで細々と継続していくことに

なります。

この間、日本近代史料研究会では、『大蔵公望日記』のほか、木戸日記研究会の行ったインタビュー速記録を含めて、『鈴木貞一氏談話速記録』『岩畔豪雄氏談話速記録』『津久井龍雄《つくいたつお》氏談話速記録』『牧達夫氏談話速記録』『有末精三氏談話速記録』『大正後期警保局刊行社会運動史料』『西浦進氏談話速記録』『亀井貫一郎《かめいかんいちろう》氏談話速記録』『片倉衷氏談話速記録』、それに中村隆英・原朗《はらあきら》氏による『日満財政経済研究会資料――泉山三六《いずみやまさんろく》氏旧蔵』、酒田正敏《さけだまさとし》氏による『雑誌「斯民《しみん》」目次総覧』『貴族院会派総覧』、有山輝雄《ありやまてるお》氏による『雑誌「日本人」「日本及日本人」目次総覧』などをタイプ印刷で刊行しました。

『二・二六事件秘録』と松本清張氏

社研時代には、林茂先生の科学研究費（「日本近代化の基礎的研究」）も使うことができましたので、それまでに集めた膨大な量の史料を整理してマイクロフィルム化しました。その多くは憲政資料室がコピーを作って公開しています。

林先生の手許《てもと》にはその頃、小学館から二・二六事件関係の史料が持ち込まれていました。二・二六事件において一時逮捕拘禁された森伝《もりつたう》が収集し、遺族が保管していたもので、東京憲兵隊関係の取り調べ書類など公文書の写本が主でした。どうも松本清張氏と小学館が同じ史料を取り合って、結果的に小学館がお金で買ったもののようで、編集を林先生が引き受けた結果、私たちに仕事が降ってきたのです。

私と竹山護夫君、有山輝雄君、松沢哲成君、山口利昭君というメンバーで取りかかったのですが、分量も多く、時間のかかる大変な仕事となりました。網羅的な索引も作り、警察官や看護婦や女中さんについても、尋問調書その他の証言などで名前を調べました。

この史料が『二・二六事件秘録』全四巻として、昭和四十六(一九七一)年から刊行されると、松本清張氏が悔しがり、新聞に悪口を書いたりしました。もともと狙《ねら》っていた史料を取られたということで、小学館ではなく、私が悪いような話になっていました。

松本清張氏には、それからずいぶん経ってから、担当編集者の藤井康栄《ふじいやすえ》さんを通じて一度だけ会いました。彼女は間を取り持とうとしたのかもしれませんが、何を話したか、よく覚えていません。この史料は最近になって憲政資料室に入ったと聞いています。

『原敬日記』全六巻の索引作りをしたのも、この頃のことです。日記そのものではなく、索引だけに関わり、昭和四十二年に刊行されました。坂野潤治君や雨宮昭一《あめみやしょういち》君、その他の諸君と林研究室の大きな机で作業しました。

林研究室には留学生も来ていて、ジョージ・アキタ氏やテツオ・ナジタさんとも知り合い、長い付き合いとなりました。

なかでもウェスリアン大学から留学していたゴードン・M・バーガー君とは、かなり親しくなりました。彼は博士論文で大政翼賛会について書き、それをもとにした英文の著書は、だいぶ経ってから坂野君の翻訳で『大政翼賛会——国民動員をめぐる相剋《そうこく》』として日本でも刊行されました。バーガー君はその後、次第に本格的な研究から遠ざかってしまいましたが、戦中の議会の動きをきちんと追っていましたから、あのまま日本研究を続けていたらかなり大きな存在になったはずで、その意味では残念です。私とは史料というものへの関心も重なっていて、私が彼に影響を与えたところもあると思いますが、逆に彼から受けた影響も大きかった。そのくらいいつも意見を交わし、議論をしました。

中央公論社『日本の歴史』騒動

林先生ではもう一つ、昭和四十二（一九六七）年に刊行された中央公論社版『日本の歴史』の「太平洋戦争」の巻をめぐる一件があります。

これも林先生が引き受けたのですが、例によって全然書かない。担当編集者は和田恒《わだひさし》さんという方でしたが、前年のいつ頃だったか、もう刊行日も決まって宣伝も始まっているから助けてくれないか、と泣きついてきました。和田さんには、「これはできない恐れがありますよ」と警告していたのに、「難しい人から原稿をとってこそ編集者だ」などと言って、取り合わなかったのです。

東大社研での五年間が終わり、無職のまま、岡先生の配慮で『木戸幸一日記』と『木戸幸一関係文書』の編纂刊行作業を担当していた時期でした。私自身は岡先生に、商業出版関係の仕事をしないようにと言われていたので、仕方なくいろいろな人を斡旋《あっせん》して分担執筆してもらう段取りをつけました。特に行政学の大島太郎さん、大畑篤四郎《おおはたとくしろう》さん、鳥海靖君には大変なご協力をいただきました。だんだんと執筆が進んで、最後に林先生が、ここだけはどうしても自分で書くと言った章を除くと、三つの章を残すのみとなりました。

そこで坂野君と、土日だけ御茶ノ水の崖《がけ》の上の旅館に泊まり込み、書く主題について議論をしました。終わると近くの神保町《じんぼうちょう》の古本屋で必要な本を買い求め、史料・文献を読み、その日のうちに分担した箇所を書き、起きたら交換して読んで議論して手を入れる。そういう作業を繰り返し、こうして何とか二人で「太平洋開戦」「終戦か継戦か」「大日本帝国の崩壊」の三章を書き上げました。

ところが最後の最後、林先生が、自分の分として和田さんに渡したのは口述されたテープでした。しかも和田さんが録音を書き起こしながら、聞き取れない箇所の参考にしようと服部卓四郎《はっとりたくしろう》の『大東亜戦争全史』の一節を読んだら、「あれっ、同じじゃないか」と。万事休す、これは駄目だと、和田さんと私とで林先生を説得し、当時、憲政資料室にいた古屋哲夫《ふるやてつお》君、のちに京都大学人文科学研究所教授になりますが、彼に林先生の分の執筆をお願いして、何とかかたちにすることができました。

結局『日本の歴史』の林先生の巻は、ご本人が一行も書かないまま、その名前で刊行されました。辛うじて配本には間に合いましたが、和田さんがひどく疲労しており、数年後に若くして亡くなった時には、この時の苦労が影響したのではないかと思ったくらいでした。私たちの名前は執筆協力として出ていますが、この一件で、それまでもあった林先生に対する不信は決定的なものとなりました。先生からは、結局何の挨拶もなかったのです。さすがに印税は分担執筆した人に、林先生の名義料を引いた分から分けて払ってもらいました。この本は大変売れて、その印税で経済的にはとても助かりました。

『昭和初期政治史研究』

初めての著作、『昭和初期政治史研究』が刊行されたのは昭和四十四（一九六九）年のことで、すでに都立大学助教授となっていましたが、もともとは四十一年に社会科学研究所の助手論文として提出したものです。

かなり親しくなっていた東京大学出版会の石井さんから、「助手論文が終わったら、本にするから持ってきなさい」と言われていました。ただ分量が多く、ページの天地に活字をぎっしり詰めても五百ページ近くの分厚い本になってしまったため、部数をたくさん刷らないと定価が高くなり過ぎるというので、初版二千部と、研究書としては当時としても破格の部数を刷りました。おかげで初版を売り切るのに十数年かかりましたが、ゆっくりと二刷になり、三刷になり、平成二十二（二〇一〇）年には第五刷になりました。

この本の序章ではまず、時期区分についての考えと分析のため、二つの視点を提起しまし

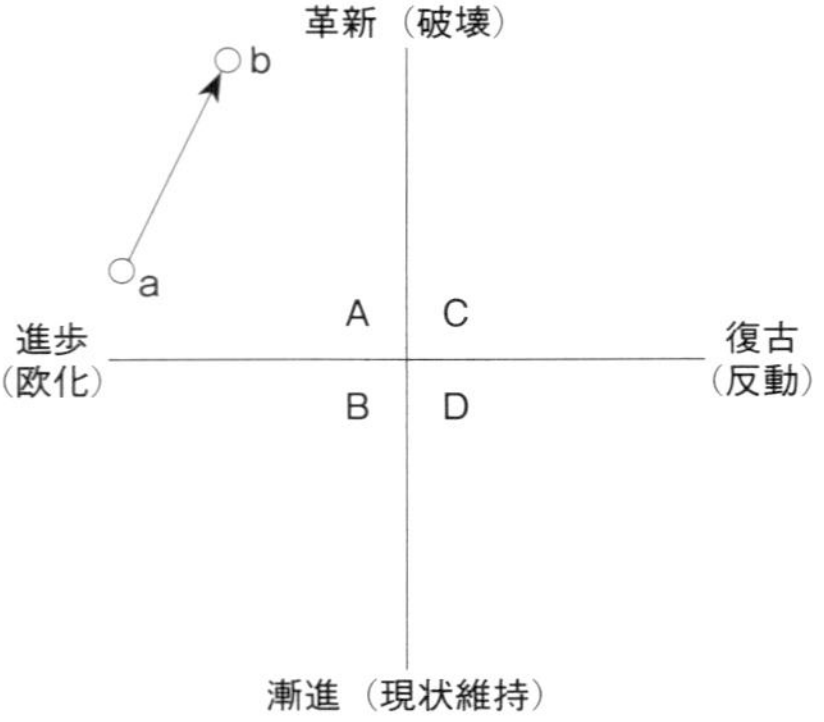

『昭和初期政治史研究』の図式

た。

　難しい言葉になりますが、本文を引用して言えば、第一の視点は「政策決定に影響をあたえうるさまざまの政治集団が、政治的争点を把握しそれに対応するさいの方向づけの根柢《こんてい》となる、自己の集団および他の集団の歴史的意味づけならびに課題についてのイメージ」であり、第二の視点は「政治統合の再編成をめぐる各政治集団の置かれた場における利害を通じての対立・連携」ということになります。

　第一の視点については、イメージを整理するための軸として、マルクス主義とはまったく無関係に、進歩（欧化）—復古（反動）、革新（破壊）—漸進（現状維持）という縦横軸の図式を作り、それぞれの政治集団を自己イメージによって分布し、その移行を見ました。

　第一の軸の進歩（欧化）という立場は、明治以後の日本の歩みを「野蛮」な徳川「封建」社会から脱却し、立憲政治を含むイギリスのような「文明」社会へと向かう途《みち》と考え、自己をその「文明」化の推進者として規定するものです。

これに対置される復古（反動）は、明治以後の日本を西欧文明輸入の結果、東洋文明の根幹、本質的なものを失いつつあるものと捉《とら》え、欧化主義の進行を食い止め、日本古来の精神に復帰させなければならないと考えるものです。

そして第二の軸の革新（破壊）は、第一次世界大戦後の世界を、ロシア革命やイタリアにおけるファシズムの勝利など「全体主義」時代への転換期であるとして、日本も財閥と政党の支配による腐敗した旧制度を破壊し、革新・革命を起こさなければならないと考える立場であり、漸進（現状維持）がこれに対置されます。

このうち「進歩」「革新」イメージは、歴史の発展方向の担い手という自己イメージであり、「復古」「漸進」イメージは、「よき伝統」の擁護者というイメージである点で、それぞれ共通します。他方、「進歩」「漸進」イメージが、多少とも現状をプラスに評価する傾向があるのに対し、「革新」「復古」イメージが、多少とも現状をマイナスに評価する傾向があるという点でそれぞれ共通します。この共通点を通じて個人ないし集団のイメージの移動が行われ、現実の集団や個人は、図に示したようなその組み合わせの中に、ある広がりをもって存在すると考えるのです。

例を挙げてみれば、中野正剛《なかのせいごう》はA象限中の点aから点bに移行したと考えられますが、それは左翼に同情的な進歩主義者から、進歩のモデルをイギリスからナチス・ドイツに変えることによって革新右翼的「革新」派に移行したということなのです。

私はこの図式によって、「大正デモクラシー時代」「ファシズム時代」といった時代区分に疑問を投げかけ、大正から昭和戦前期・戦後期までの独自の捉え方を提示するぞ、と宣言したのです。

自分が拠って立つ論理がなければ実証研究は成り立ちませんし、以後もだいたいこの図式に沿って研究を展開しています。自分で作った図式を自分でぶち壊すのはなかなか難しいので、誰かが私の納得できるかたちで、きれいにぶち壊してくれないかと期待はしているのです。

ファシズム論争の萌芽

『昭和初期政治史研究』には、ずいぶんたくさんの書評が出ました。ファイルいっぱいになるくらいです。

一人すごくいい書評を書いてくれた方がいました。当時都立豊島高校教諭の石坂富司《いしざかとみじ》さんで、のちに都立八王子東高校の初代校長となりました。それから、多少認めるという書評もいくつかありましたが、ただ基本的には、ボロボロに貶《けな》すものばかりでした。代表的なものが、井上清門下の江口圭一《えぐちけいいち》氏の書評で、要するにこれは「昭和史事典である、事実しか書いていない」というものでした。

江口氏の「日本近代史研究の最近の動向」と題して発表された評論には、この本についての氏の「三つの驚き」が明らかにされています。

まず何より驚かされるのは本書に用いている史料の厚み、豊富さです。伊藤氏は既刊の文献や既公開の史料を広範囲にわたって本書に利用しているのはもちろんのこと、自らの「足で歩いて」未公開史料を大量に発掘し蒐集しそれを活用することに努めています。この新史料の発見と集積のために伊藤氏が注いだ努力・情熱・エネルギーはまさに驚異的なものがあって、そこには一種の執念めいたものさえが感じられます。（『歴史の理論と教育』一八号、昭和四十四年）

こうして第一の驚きが示された後、第二の驚きとして、「その史料のレヴェルの高さ・豊富さとともに、それと痛々しいまでのコントラストをなしている本書の歴史叙述としてのレヴェルの低さ・貧弱さ」を挙げ、「一個の政治史としては完全な失敗作である」とされます。そして、第三の驚きに、最大の欠陥として「およそ政治史にとって最も基本的な要素の一つであるはずの人民の問題をまったく欠落させている」と結論づけます。

結局、歴史学研究会系の人たちの言い方であって、マルクス主義という「前提」が取り払われていることが気に入らないのです。私に対する直接の批判というよりも、向こうを向いて、「こういう悪いやつの議論を受け取ってはいけませんよ」と言っているように見えました。「日本近代史研究の二、三の問題」の時と同じで、こちらは闘うつもりが十分にあるのに、何かそういう雰囲気ではないのです。

この時はまだ「敵」として強く名指しされたわけではありませんが、数年後の、いわゆる「ファシズム」論争で彼らの「敵」として槍玉《やりだま》にあげられる萌芽《ほうが》が見えます。

史料の行方

『昭和初期政治史研究』の引用・参考文献を見るとわかるのですが、小川平吉などの他にも、井上準之助《いのうえじゅんのすけ》、宇垣一成《うがきかずしげ》、江木翼《えぎたすく》、川崎卓吉《かわさきたくきち》、加藤寛治、末次信正《すえつぐのぶまさ》、山川端夫《やまかわただお》と、本当にたくさんの人物の史料を集めました。

やはりいちばん面白いのは小川文書で、自分自身でも「対外硬派」を研究したいと思っていましたが、時間的にそれはできませんでした。この本を執筆する過程で、次に進む道が見えていたからです。「対外硬派というテーマは面白いぞ、誰かやらないか」と言っていたら、都立大学の助手だった酒田正敏君と東大助手だった宮地正人《みやちまさと》君が飛びついて、素晴らしい成果をあげてくれました。

ご遺族から見せていただいた史料、安達謙蔵《あだちけんぞう》、江木翼（その父の江木千之《かずゆき》）、川崎卓吉、小《こ》橋一太《ばしいちた》（その父の元雄《もとお》）、渡邉千冬《わたなべちふゆ》（その父の国武《くにたけ》）、小泉策太郎の史料については、いずれものちに憲政資料室にご寄贈いただきました。

加藤寛治の史料は、直接関わるものは少しでしたが、昭和五十四（一九七九）年にご遺族の加藤寛一《かんいち》氏から、日記が出てきたというご連絡をいただきました。加藤寛治の秘書的な役割をしていた坂井一位氏のもとにあったもので、ちょうどみすず書房の『続現代史資料』が刊行されるというので、その5「海軍」に日記と文書、書簡を収録しました。「海軍」は鈴《すず》木淳《きじゅん》・小池聖一《こいけせいいち》・田浦雅徳《たうらまさのり》・古川隆久《ふるかわたかひさ》の四氏が共編者ですが、その他の多くの諸氏の協力を得ました。詳しい解説も書きました。

小橋史料は、茅ヶ崎《ちがさき》の小橋一雄《かずお》氏の蔵の中から見つけました。広いお屋敷で、当時何事も一緒に動いていた坂野潤治君と数回伺ったのですが、大きな庭園の池の鯉《こい》に餌《えさ》を投げて楽しんだことなど、今でも愉《たの》しく思い出します。

渡邉千冬関係文書を見せてくださった、元大蔵省財務官の渡邉武《たけし》氏とは、後々までのお付き合いになりました。

野村實さんと軍事史学会

『昭和初期政治史研究』を評価してくれた縁で、のちに続いた仕事も少なくありません。その一つが防衛研修所、のちの防衛研究所、防衛研究センターですが、そこで『大東亜戦争戦史叢書《そうしょ》』の編纂官をされていた野村實《のむらみのる》さんとのお付き合いです。

野村さんが『昭和初期政治史研究』に強い興味を示されたこともあって、昭和五十（一九七五）年には防衛研修所での講演を頼まれます。続いて翌年五月には、野村さんが会長であった軍事史学会の例会で「統制派と皇道派ということ」という講話を行い、五十三年には研修所研究発表会第一回特別講演として「軍事史研究の諸問題について」の題でお話ししました。

さらに昭和六十年に海軍歴史保存会が発足し、『日本海軍史』の編纂が始まると、編纂委員を委嘱されました。これもおそらく野村さんの推薦であったと思われます。委員長は元大蔵次官の谷村裕《たにむらひろし》氏、委員は野村さんの他、篠原宏《しのはらひろし》、内田一臣《うちだかずとみ》、市来俊男《いちきとしお》、田中宏巳《たなかひろみ》の諸氏でした。保存会理事長として、有馬元治《ありまもとはる》さんが会議に参加されていました。『日本海軍史』は、平成七（一九九五）年に全十一巻が完成しました。私は全体に関わりましたが、特に担当した第二巻は、鈴木淳・神山恒雄《かみやまつねお》・小池聖一・森山優《もりやまあつし》の諸氏に分担してもらって完成させました。

その後、有馬元治氏には特に親しくしていただき、インタビューも行い、没後には遺された史料を憲政資料室に入れていただきました。また谷村裕氏にもインタビューをしましたが、手を入れてくださっている間に亡くなられ、冊子にすることができませんでした。

昭和末年頃からは野村さんに、軍事史学会に関わってほしいと言われ、評議員になりました。

平成三年の軍事史学会大会では、特別講演「軍事史学研究の現在の水準について」を行い、翌年には副会長、平成六年には会長を引き受けました。研究学会として世間に認知されていなかった軍事史学会が、世間に認められるようになったとの手応《てごた》えを得て、平成十四年に会長職を退きましたが、その後も顧問として史料刊行のお手伝いをしました。

会長在任中には、『大本営陸軍部戦争指導班機密作戦日誌』（平成十年）を刊行し、その後も『大本営陸軍部作戦部長宮崎周一《みやざきしゅういち》中将日誌』（平成十五年）、『元帥畑俊六《はたしゅんろく》回顧録』（平成二十一年）を出版することに関わりました。これらは錦正社から出ています。

畑俊六の日記は、昭和五十八年にみすず書房から刊行された『続現代史資料』４の「陸軍」に収録されています。昭和二十年三月までの日記で、畑が巣鴨《すがも》出獄後に防衛庁戦史室に寄贈したものです。これをご遺族の畑俊八《しゅんぱち》氏の同意を得たのち、一緒に戦史室に行って翻刻の許可を求めたのですが、容易には下りず、それでも強引に交渉を続け、最終的に諒解《りょうかい》を得ました。そしてご遺族のもとにあった「獄中手記」も収録し、照沼康孝《てるぬまやすたか》氏をパートナーとして刊行したのです。ただこの日記は最初の部分が欠けていましたし、「獄中手記」の冒頭で執筆したとしている「一生の閲歴」もありませんでした。

平成十二年になってから、畑俊六と親交のあった佐野増彦《さのますひこ》という新聞記者が、それらの出版を企図します。畑から借り出したものが出てきたのです。佐野氏が亡くなると、その遺族から託された人が、みすず書房の加藤敬事《かとうけいじ》氏に持ち込んだのですが、難しいというので、軍事史学会編『元帥畑俊六回顧録』として出したのです。欠けていた昭和四年の日記と回顧録

「一生の閲歴」、それに昭和二十三年までの「巣鴨日記」を収め、原剛《はらたけし》氏をパートナーに、菅野直樹《かんのなおき》・福重博《ふくしげひろし》・鹿島晶子《かしまあきこ》の諸氏の協力を得て刊行しました。

この他にも、阿南惟幾《あなみこれちか》日記、沢本頼雄《さわもとよりお》日記などの刊行を試みましたが、いずれも頓挫《とんざ》してしまいます。阿南日記はお願いして憲政資料室にご寄贈いただきましたし、沢本日記は、長男の倫生氏、野村實さんと一緒にその一部を、『中央公論』昭和六十三年一月号で紹介したのち、防衛庁戦史部に寄贈されました。

第4章　革新とは何か

昭和政治における革新

『昭和初期政治史研究』の「あとがき」で、私はこんなことを書いています。

本書で述べた〝革新〟派こそが昭和の政治史の推進力であった。昭和一〇年代に入ってこの〝革新〟派がどのように定型化されるのかを、昭和一三年の近衛《このえ》新党の問題を通じて追究してみようというのが次の課題である。

ここでは「革新」派の「その後」だけを追うつもりであるかのように書いていますが、実際には「その前」の、「革新」がどのように誕生したかについても追究していました。

「革新」とは何だったのか。戦後の「革新」対「保守」という言葉のイメージからすると、

「革新」＝左翼となりますが、そもそも大正年間（一九一二〜二六）の使われ方は異なるものでした。昭和四十五（一九七〇）年に書いた文章の中で、私は次のように述べています。

第一次大戦後の社会の変化は人の目をみはらせるものがあった。このことは多くの人の回想の中で、とくに冬の時代を経験した古い社会主義者の回想（たとえば山川均《やまかわひとし》）の中にあざやかに描かれている。そして「社会運動」とよばれる運動が勃興《ぼっこう》し、古い政治社会の「革命」「変革」「改造」「維新」「革新」「解放」を求めて動き出したのがほぼ大正八年前後であった。これらの言葉の中には古い言葉もあるが、いずれも新しいイメージや感情を伴って青年の夢をかき立てたのであった。大正八年四月に創刊され大きな影響力をもった雑誌は『改造』であったし、同年八月に上海《シャンハイ》で北一輝《きたいっき》が執筆し、昭和の右翼に大きな影響力を与えたのは「日本改造法案大綱」であった。

これらの言葉の中で最も長い生命をもったのは「革命」と「革新」であったように思われる。犬養《いぬかい》〔毅《つよし》〕の立憲国民党が革新倶楽部《クラブ》になったのは、いわゆる大正デモクラシーの雰囲気の中であった。昭和期に入って、とくに満洲事変以後「社会運動」の一角に大きな地歩を占めた「国家主義乃至《ないし》国家社会主義」の陣営がこの言葉を使いはじめた。（中略）これらに同調する官僚は「新官僚」のちには「革新官僚」とよばれた。（中略）「革新」派に対抗するものは現状維持派と称せられたのであった。（「『革新』という言葉」『国民の歴

史』第二三巻月報）

北一輝の『日本改造法案大綱』も、マルクス主義者の革命綱領も、共通の位置を持っていたのです。このように「革新」という言葉の内容は一変したかのようですが、興味深いのは、左右両「革新」派が、意外と人間的につながりがあることでした。このあたりについては、「近衛新体制」のところでもう一度述べたいと思います。

駒場から都立大学へ

昭和四十一（一九六六）年には、東大社会科学研究所助手の任期が終わりました。しかし、その後の職がありません。それまでも九州大学に来ないか、あるいは名古屋大学はどうだ、という話はあったのですが、林茂先生が「君にいろいろな話があるけれど、社研の助手は五年の年限だから断りました」と言う。「ありゃ！」というようなものです。仕方なく一年間は無職のまま、岡義武先生から『木戸幸一日記』の編纂の仕事をまわしていただき、アルバイトをしながら何とか食いつなぎました。

翌年、東大教養学部の助教授になった佐藤誠三郎君が、「駒場の助手のポストが一つある。俺が助教授で、君が助手というのは嫌かもしれないけれど」と言うから、「そんなの構わないよ」と斡旋してもらうことにしました。

駒場にいたのは一年ですが、この時、経済史の中村隆英さん、国際政治学の衞藤瀋吉さん、法哲学の長尾龍一《ながおりゅういち》さん、政治学の京極純一さんといった方たちと親しくなりました。七つ年上の中村さんとはその後、『現代史を創る人びと』のインタビューの仕事からオーラル・ヒストリー・プロジェクトに至るまで、一緒に仕事をすることになりますし、九つ年上の衞藤さんともさまざまな仕事をして、亡くなるまでお世話になりました。

昭和四十三年、岡義武先生が行き場のない私をかわいそうに思って、「君ね、法学部だけどいいか」と、都立大学法学部の助教授に押し込んでくれました。まだ目黒《めぐろ》の八雲《やくも》にあった頃のことです。その時、岡先生は、文学部の井上光貞先生のところへ行って、「伊藤君をお預かりします。必要な時にはいつでもお返しします」と挨拶してくれたそうです。

都立大学で担当した講義は日本政治史で、それまでは升味準之輔さんが担当していました。升味さんとは内政史研究会などで一緒に仕事をし、インタビューのやり方や論文への反映のさせ方に非常に感心していましたし、書いているものを読んで感銘を受けてもいました。升味さんの『日本政党史論』の第一巻が出た時に大江志乃夫氏が、「これは研究ではない。講談である」などと書いたのを読んで、「何を言う。けしからん」と、『エコノミスト』に大江さんへの反論のような書評を書いたこともあります。大体、本物の研究は面白いものであるはずなのです。

政治史の他にも、一年生の政治学の講義を一年間担当しました。これは初めての経験で不安でしたが、何とかやりました。その頃のファイルを見ると、こんなことを教えていたのかと自分でも驚いてしまいます。

都立大法学部には、学部長に神川信彦《かみかわのぶひこ》さん、戦前からの国際政治学者神川彦松《ひこまつ》の息子さんですね、それに升味さん、岡部達味《おかべたつみ》さん、西洋政治思想史の半澤孝麿《はんざわたかまろ》さんなどがいましたが、東大に比べて教師の数が少ないと感じました。

都立大着任後、しばらくして大学紛争が始まると、校舎は学生によって占拠され、研究棟も封鎖されました。学部長に、「せっかくですからみなさん勉強してください。当番の時だけ巡回してくだされば結構です」と言われて、心底ここに来てよかったと思いました。

いよいよ封鎖になるという時、史料など研究会のものは、都立大の裏に住んでいた鳥海靖君の家に運び込ませてもらいました。仕事には引き続き東大の林研究室を使っていました。林先生は例によっていませんでしたし、林先生が集めた文献がいろいろ置いてあって便利だったからです。

大学紛争は基本的に民青と新左翼の対立で、封鎖しているのは新左翼側です。一度、封鎖している政治学科の学生たちが、教師たちと議論したいと言ってきました。神川さん、升味さんをはじめ、みんな「待ってました」とばかりに学生たちを迎え入れて大討論会を行いました。一般学生は活動家とは違います。学生にいろいろ言わせて論理的に追い詰め、最終的には分裂させて終わりです。

法学部の先生たちは、民青支持の法律学科対政治学科という構図でした。新左翼の連中は、政治学科の教師たちが民青と対立しているとわかってますので、自分たちの味方だと思ったらしく、私のところにやってきて言います。

「先生の研究室は荒らしません。民青の先生たちが機動隊導入を唱えているようですが、反対してください」

「君ね、勘違いしているようだけど、機動隊導入を主張しているのは僕です。それに反対しているのは民青。そもそも君たちはマルクス主義で立場的に共通性があるのだから、手を組んだほうがいいいんじゃないか」

私はそう答えて、退散させました。

結局機動隊が導入され、封鎖が解かれて研究室へ行ってみたら、なくなっていたのは『マルクス・エンゲルス全集』やその類で、捨てる手間が省けたぐらいです。

そのうち東大の国史研究室では、下村富士男先生が定年になり、近代史のポストが空きました。ところが東大紛争の最中ですからすぐに辞令は出しがたく、四十四年の暮れから、とりあえず非常勤講師として東大に行くようになりました。おそらく井上光貞先生が、岡義武先生に「くれ」と言ったのだと思います。四十六年には国史研究室に行くことが決まっていましたので、都立大にいたのは三年ということになります。

『上原勇作関係文書』

第二次西園寺内閣の陸軍大臣上原勇作《うえはらゆうさく》（一八五六〜一九三三）の関係文書を見つけたのは、都立大学の図書館の中でした。旧制都立高校の建物なので綺麗《きれい》とは言えませんが、天井は高く、風格がある図書館でした。

ある日その端に、大きな茶箱が置いてあるのに気がつきました。なんだろうと思って開けてみたら、「上原勇作様」と宛名の書かれた手紙が箱いっぱいに入っている。図書館の職員に「いったいどうしてこんなものがここにあるのか」と聞くと、「よくわからない」との答えで、「整理してもいいか」と確かめると、「どうぞ」と言う。そこで昭和四十五（一九七〇）年に研究会を立ち上げ、整理を始めました。

上原文書の大部分は、上原が第二次西園寺内閣の陸軍大臣に就任してから没するまでの来簡で、総数二千五百三十三通にのぼり、その他に、上原自身のメモや書簡草稿、書類が含まれていました。

研究会には、私の他は五十音順に、雨宮昭一、有馬学、池上武比古《いけがみたけひこ》、板垣哲夫《いたがきてつお》、刈田徹《かりたとおる》、川西一紘、酒田正敏、志村寿子《しむらとしこ》、鳥海靖、升味準之輔、三谷博《みたにひろし》、山口利昭、吉見義明の諸氏が参加しました。東大と都立大の混成部隊で、酒田君が幹事役でした。

メンバーの志村寿子さんはその頃、西原《にしはら》借款の研究をしていました。西原借款とは、第一次世界大戦期に寺内正毅《てらうちまさたけ》内閣によって推進された政治的な対華借款で、実業家西原亀三《かめぞう》が勝田主計《しょうだかずえ》と図って調達したものです。その研究ぶりに、私も将来を大いに期待していました。ところが離婚を機に志村さんはイギリスへ留学し、彼の地でマークス＆スペンサーの御曹司と結婚、マークス寿子になるという思いもかけない運命をたどります。彼女の『英国貴族になった私』（草思社、昭和六十一年）は、ずいぶん評判になりました。

研究会は、毎月一回、あらかじめ決められた一人が書簡を何通か読んできて報告するかたちで行われ、終了後は都立大学駅の近辺で、がやがやとおしゃべりしながら楽しい食事をするのが恒例でした。

この研究会は四十七年に、いちおうの整理を終えて解散しましたが、すぐに今度は上原文書の公刊を目的として第二次の研究会を発足させます。すでに私は東大に移っていましたので、メンバーは若干入れ替わり、新たに、佐々木隆《ささきたかし》、坂野潤治、福地惇《ふくちあつし》、それから法学部の北岡伸一《きたおかしんいち》といった面々が加わりました。『上原勇作関係文書』の刊行は昭和五十一年と少し先になりますが、この史料を最も有効に利用したのは何と言っても北岡君でしょう。彼の『日本陸軍と大陸政策』（東京大学出版会、昭和五十三年）には、その成果が見事に表れています。

『上原勇作関係文書』には後日談があります。私も駆け出しだったので、上原家に連絡をせずに活字にしてしまい、それを目にしたお孫さんの尚作《しょうさく》さんが、研究室に怒鳴りこんでくるという「事件」があったのです。「申し訳ない」と平謝りして、話し合いの末に何とか収まったのですが、その時、尚作さんがチラリと、「自宅には日記もある」と口を滑らせます。ぜひとお願いしたのですが、そんな事情でしたので、尚作さんもその時は、日記を見せてはくださいませんでした。

それから三十年近く、毎年年賀状で「日記は如何《いかが》ですか」と書き続けました。すると平成十二（二〇〇〇）年になって突然尚作さんから、「ちょっとお話ししたいことが」とお電話をいただき、すかさず「日記を見せていただけるのですか？　それでしたら話し合いよりまず実物を見せてくださいよ」と言いましたら、持ってきてくださいました。

上原勇作日記は、日露戦争の時期や、大正政変の始まりとなった二個師団増設問題の時期が抜けているのですが、田中義一との確執が起きた大正十三（一九二四）年の宇垣一成陸相問題の箇所などはあって、なかなか面白く、「本にしませんか」、「では、お願いします」となりました。

日記の書き起こしから始まる大変な作業は、櫻井良樹《さくらいりょうじゅ》氏、小林道彦《こばやしみちひこ》氏、清水唯一朗《しみずゆいちろう》氏、今津敏晃《いまづとしあき》氏による編集委員会が行いました。上原尚作さんも「ぜひやってみたい」ということで、妹さんとともに取り組まれ、こうして『上原勇作日記』は平成二十三年に尚友倶楽《しょうゆうくら》部《ぶ》から刊行されました。

『大蔵公望日記』

都立大時代に手がけた史料には、もう一つ『大蔵公望日記』があります。都立大の人文学部にいる大蔵隆雄《おおくらたかお》という教育学の教授が、父親の公望の日記を持っているという情報を、升味さんがつかんだことが始まりです。

大蔵公望（一八八二〜一九六八）はなかなか複雑な人物で、満鉄の理事、貴族院議員であり、国策研究会や昭和研究会の中心人物の一人であり、また東亜研究所の副総裁でもあります。広く「革新」派の官僚や軍人と交流があり、他方で宇垣擁立派の一方の中心でもあり、ソ連研究グループの組織者でもありました。

大蔵教授から許可を得るとすぐにコピーをとり、日本近代史料研究会の仕事として、有馬学、吉見義明、佐々木隆、成田賢太郎《なりたけんたろう》といった諸君とともに原稿化し、内政史研究会と費用を分担して、昭和四十八（一九七三）年から五十年にかけて全四巻としてタイプ印刷で刊行しました。

『大蔵公望日記』といえば、矢次一夫《やつぎかずお》氏（一八九九〜一九八三）のことが思い出されます。昭和四十五年から、毎日新聞社の『エコノミスト』で「現代史を創る人びと」というインタビューのシリーズを始めました。駒場時代以来親しくなった中村隆英さんが持ち込んだもので、最初は私と中村さん、少ししてから中村さんの推薦で原朗さんが加わり、それからは三人で二年間続けました。鳩山一郎《はとやまいちろう》内閣の蔵相だった一万田尚登《いちまだひさと》、社会党代議士の河野密《こうのみつ》、日経連初代専務理事の前田一《まえだはじめ》など、政界、財界その他二十名に対して一人数回のインタビューで、人選から私たちでやりましたから非常に楽しい仕事でした。

この時も、木戸日記研究会や内政史研究会での時と同じように、生まれから現在までの経歴を追ってお話を伺う方式にしました。みなさん若い時分の話は喜んでしてくださり、それを伺っているうちに親近感が生じて、その後の話を進めやすくなるからです。また、若い頃の経験が、人間形成やのちの仕事に大きな影響を及ぼしていることももちろんわかります。

右翼で政界浪人、その上「新体制」へつながる政策研究団体、国策研究会の主宰者でもあった矢次氏も、インタビューした一人です。矢次氏は、三回目のインタビューでもにこりともせず、おっかない顔で答えていました。ある時、国策研究会設立時の話になり、矢次氏は「それはなんだな……」としゃべりだしました。私は聞きながら「ちょっと違うぞ」と思って、こう尋ねました。

「さっき、お話の中で大蔵公望という人が出てきて、ずいぶん頼りにしていたとおっしゃいました。それはおそらく、この人の言っていることは信じられるということだと思いますが、大蔵の日記を見てみますと、あなたが今お話しになったこととはかなり違いますが」

すると、矢次氏の怒ること怒ること。

「お前みたいな机上の学問をやっている奴とは違うんだ。俺は現場でやってきたんだ」

私もひるまず、たたみかけます。

「でもね、あなたが絶対に信頼できると言った人が、その時に書いていた日記にこうあるのです。やはり大蔵さんの日記を信頼すべきではないでしょうか」

矢次氏はしばらく黙っていましたが、最後には日記の記述を認めました。残念ながら出来上がった原稿に、矢次氏の激昂《げっこう》は残っていません。

インタビューが終わると矢次氏は、秘書でのちに国策研究会事務局長となる吉田《よしだ》弘《ひろし》さんに当たり散らしていました。大体、右翼の連中は、自分の子分を怒鳴って相手を威嚇するものです。

何年かのちに矢次氏から、岸信介のインタビューを一緒にやろうと持ちかけられますが、伊藤は骨のある奴だと思われたのかもしれません。

緒方貞子さんと松本重治氏

昭和四十四（一九六九）年七月には、日本の日本研究者とアメリカのアメリカ研究者による河口湖《かわぐちこ》会議が開かれました。それぞれテーマを決め、「真珠湾への道」を回顧しながら、太平洋戦争開戦までの十年の日米関係史を探ろうという試みで、報告には同時通訳がつき、各セッションで討議を行いました。ちょうどベトナム戦争のさなかでした。

今井清一さんか、安井達弥さんに声をかけてもらったと思います。日本側は細谷《ほそや》千博《ちひろ》さんが中心で、今井さん、安井さん、臼井《うすい》勝美《かつみ》、藤原彰、麻田《あさだ》貞雄《さだお》という顔ぶれ、アメリカ側は

河口湖会議にて。前列右から４人目に松本重治氏、同６人目に細谷千博氏、細谷氏の後ろに入江昭氏、その右隣りに三谷太一郎氏、３列目中央に著者、その右隣りに安井達弥氏

外交史の専門家が多かったせいか、シカゴ大学の入江《いりえ》昭《あきら》さんの他は、知らない人がほとんどでした。

会議のバックには国際文化会館がついていて、その記録は、『日米関係史　開戦に至る10年』全四巻として、四十六年から四十七年にかけて東京大学出版会から刊行されました。

この会議で私は、「民間団体」というセッションで右翼について発表しましたが、パートナーとして、大日本平和協会に始まる自由主義的な文化団体について報告したのが緒方《おがた》貞子《さだこ》さんでした。彼女の最初の本は満洲事変について論じた『満州事変と政策の形成過程』です。緒方さんとはこの会議で知り合い、日本国際連盟協会副会長を務めた山川端夫の文書などを紹介しました。

会議の冒頭の挨拶の中で、蠟山政道《ろうやままさみち》氏は、

私は基本的に民族主義者であったと述べられ、続いてそれを受けて松本重治《まつもとしげはる》氏が、私は終始平和主義者であったと述べたのですが、松本氏の発言には強い違和感を覚えました。戦前戦中期の松本氏の書いたものを読んでいたからです。

のちに朝日カルチャーセンターの講座でお話しいただく時に、松本氏は私に、自分は老年で時間が持たないので、前座を頼むと言われました。その際、すでに刊行されていた『上海時代』では、自らを平和主義者として書かれていたので、それはちょっと違うのではないか、少し異なった視点から話してくださいとお願いしました。この時は松本氏も、『上海時代』とやや異なった文脈の話をされ、そういう意味では「良い人」だなとは思いました。

その後昭和六十一年に『昭和史への一証言』、翌年には『近衛時代』を刊行され、どちらも私が日本経済新聞で書評をするという巡り合わせになります。かなり批判的に書き、後者には新聞社が「自己を語らない同時代史」というタイトルを付けました。

松本氏は平成元（一九八九）年に亡くなられ、翌年に国際文化会館から『追想 松本重治』が刊行されました。その時私も寄稿を求められ、躊躇《ちゅうちょ》したのですが、批判的に書いてもよいというので、「昭和史の中の松本重治氏」という文章を書きました。氏が一貫して「軍国主義」として批判した軍部、その軍部と松本氏との深い関係を指摘したのです。

『大正期「革新」派の成立』と平林孝君

評判とは違うかもしれませんが、私はイデオロギーだけで議論しているものに対しては、かなり抵抗があります。事実をきちんと押さえていないものに対しては、非常に批判的なのです。

たとえば、尾崎行雄《おざきゆきお》を誰かが「憲政の神様」なんて褒めているのを聞くと、「尾崎は愛国的自由主義者ですからね」と言ってしまうし、石橋湛山《いしばしたんざん》についても、「単純な平和論者ではありません。軍備を持たなければやっていけないと言っています」と言って嫌がられてしまう。典型的な〝憎まれ口〟ですが、時々こういうことをやってしまう。のちの「ファシズム論争」も、そこに起因するところがあるでしょう。

少し遡って、昭和四十（一九六五）年に鳥海靖君、宇野俊一《うのしゅんいち》さん、松沢哲成君らと共同執筆というかたちで『中央公論』に書いた「文献からみた『東亜百年戦争』」も、〝憎まれ口〟の一つでした。当時、林房雄《はやしふさお》の『大東亜戦争肯定論』を持ち上げる風潮があって、その反論を書け、と依頼があったのです。中央公論社とはその後さまざまな関わりを持つようになりますが、おそらくはこれが接触のあった最初でした。

中央公論社との仕事は、雑誌『中央公論 歴史と人物』にいた平林孝《ひらばやしたかし》君と知り合うことによって本格的に始まります。最初の仕事は、同誌の昭和四十七年十二月号に掲載された「日本『革新』派の成立」という、私の研究にとっては一つの転機になった文章で、これは東大での特殊講義を経て、『大正期「革新」派の成立』（塙書房）として結実しました。

気性のさっぱりした平林君とは実に気が合って、その後も『中央公論 歴史と人物』昭和四十九年四月号の「新体制運動とは何か」、五十年八月号の「近衛文麿《ふみまろ》と野坂参三《のさかさんぞう》」、五十一年六月号の「艦隊派総帥末次信正」と、次々と書くことになります。

平林君で思い出すのは、木曽谷《きそだに》に勝野金政《かつのきんまさ》氏のインタビューに行ったことです。駒場時代に親しくなった長尾龍一さんが、茨城県出身の政治学者五来欣造《ごらいきんぞう》を研究していて、その娘さんが勝野夫人だったというつながりから、インタビューすると面白いよと紹介されたのです。昭和四十八年のことでした。

勝野金政氏は、昭和初期にモスクワでソ連共産党の正式な党員になり、片山潜《かたやません》の私設秘書の役割を務めた人物です。昭和五年、秘密警察ゲー・ペー・ウーに突如スパイ容疑で逮捕されてラーゲリ（収容所）を転々とし、放免されたのちに九死に一生を得て帰国、その後は参謀本部の嘱託として対ソ情報活動に関与しました。彼の話は、昭和初期のソ連の実情をあからさまに示すもので、私にとってはこの前後に他の方々から聞いた話とも符合して、やはり、と納得するものがありました。

平林君と一緒に、新幹線と振り子式電車の特急を乗り継いで南木曽《なぎそ》の旧中山道《なかせんどう》沿いの古い農家風のご自宅へ三回ばかり行き、囲炉裏端で五平餅《ごへいもち》をご馳走《ちそう》になりながら、話を聞きました。このインタビューは、『中央公論 歴史と人物』の昭和四十八年十一月号、翌四十九年の一・三・五月号の四回にわたって掲載されました。

『中央公論』編集部に移ってからは、矢次氏と行った岸信介連続インタビューなどの仕事をし、その付き合いは彼が編集長となって推進した全集『日本の近代』全十六巻まで続きました。

平成十四（二〇〇二）年に平林君が、六十歳を目前に亡くなってしまったのは本当にショックでした。

「『挙国一致』内閣期の政界再編成問題」の中断

昭和四十六（一九七一）年、東大の国史研究室助教授になりました。

当時の手帳を見ると、毎日何かの史料研究会、誰それのインタビューばかりしていたことがわかります。講義や演習はもちろんやっていますが、大学のいろいろな役職は、「すみません。僕はできません」、「実は持病が……（嘘《うそ》）」と断り続けているうちに、伊藤は役に立たないということになって、何も回ってこなくなりました。ですから学部長も何も経験していません。教授会で発言したことすらないという伝説まであるようですが、大体は本当です。まあ、迷惑をかけたとも思いますが。

国史学科では、特に他の先生たちと親しくした記憶はありません。むしろ坂野潤治君や酒田正敏君、その下の有馬学君といった若い連中との付き合いが広がっていきました。北岡伸一君や御厨《みくりや》貴《たかし》君といった法学部系の仲間も増えました。私の場合、教えるというよりも、一緒に研究会をやったり、作業のグループを作ったりして、あとは好きにやりなさい、というかたちになっていました。

法学部の三谷太一郎君や佐藤誠三郎君から、岡先生に助手論文や修士論文に手を入れられるのがどんなに嫌かという話を聞いていましたが、二人とも教える側に立つと、同じことをしていました。そういう余計なことはやりたくないし、そんな時間があったら自分のことをやりたい、と思っていました。

東大での非常勤講師としての最初の講義は昭和四十五年に行った特殊講義ですが、この時は四十八年の『年報政治学』に書いた「昭和13年近衛新党問題研究覚書」のもとになった話をしています。翌年もその続きで、近衛新体制について話しました。文学部では、あるテーマを取り上げる特殊講義が基本で、それは私にとっても大変有意義だったと思います。四十八年度は「大正政治史の諸問題」として、前年の『中央公論 歴史と人物』十二月号に書いた「日本『革新』派の成立」をもとに、それをふくらませて話しました。当時、「大正デモクラシー」という文脈で多くの業績が発表されていましたが、私はその考えをとらないので、有馬学君と共著で、松尾《まつお》尊兊《たかよし》『大正デモクラシー』、鹿野《かの》政直《まさなお》『大正デモクラシーの底流』、金原《きんばら》左門《さもん》『大正期の政党と国民』、三谷太一郎『大正デモクラシー論』といった著作をまとめて批判する書評を『史学雑誌』(昭和五十年三月号)に発表もしました。

昭和十三年の近衛新党の問題を考える前に、それに至る政治状況を考えなければと、昭和四十七年から社会科学研究所の紀要『社会科学研究』に論文「『挙国一致』内閣期の政界再編成問題」の連載を始めます。

『昭和初期政治史研究』と同じ手法で、斎藤実《さいとうまこと》・岡田啓介《おかだけいすけ》の「挙国一致」内閣期における既成政党、新官僚グループ、「右翼」、社会大衆党、軍部の五つのグループを検討し、各勢力の中における「復古―革新」派の形成と、政界再編成への試みを明らかにしようとしたものです。ところが昭和五十年に、第三回の「右翼」についての研究を執筆したところで中断を余儀なくされます。

ちょうど、みすず書房の『現代史資料』シリーズの「国家総動員2　政治」、これはもともと石田雄さんと今井清一さんが担当することになっていたのですが、石田さんが辞退したので今井さんが困って声をかけてきたのです。これを編纂することになり、結局今井さんも全然手をつけなかったことから、一人で近衛新党計画、新体制運動、大政翼賛会関係文書など、政界官僚指導の「大政翼賛」運動資料を、昭和十三年、十五年を中心に集めてまとめたのでした。その解題を書いたりしているうちに、私の中で挙国一致内閣期はすっかり過去のものとなってしまい、近衛文麿と新体制運動についての研究で頭がいっぱいになったのです。

新体制についてはのちにまとめることができたので、この期間だけが空いてしまい、今となっては残念ですが、仕方ありません。

第5章　ファシズム論争

「昭和政治史研究への一視角」

事の発端は、中村隆英さんでした。

岩波書店の雑誌『思想』の昭和五十一（一九七六）年六月号で「一九三〇年代の日本」という特集を組むから何か書け、と言う。『思想』なんて「進歩的」な雑誌に自分が書くとは想像もできず、もちろんまわりにとってもそうでしょう。

「枠にはめられるなら嫌だ」と答えたら、

「俺が任されているのだから何でも自由に書いていい」

との返事で、それならば、と書いたのが「昭和政治史研究への一視角」です。

ちょうどその年の一月から二月にかけて、中村さんとアメリカをまわりました。科学研究費をとって、アメリカにおける日本史研究を調査するため、日本研究者や日本研究のある大

ロサンゼルスの南カリフォルニア大学にて。右から中村隆英氏、ゴードン・M・バーガー氏、著者

学を訪ね歩く、私にとっては初めての海外旅行でした。

ハワイから始まって、西海岸では南カリフォルニア大学助教授になっていた旧知のゴードン・M・バーガー君、彼の家で徹夜で議論をし、東海岸に行って日本で研究したことのあるシャロン・ミニチェロさんに会い、ミニチェロさんがどうしてもライシャワーに会っていけと言うので、ハーヴァード大学教授に帰任していたライシャワーさんにも会いました。プリンストンに来ておられた丸山眞男さんに会いにいったのもこの時です。

中村さんは寝付きが悪いというので、毎晩ホテルのどちらかの部屋でウイスキーかバーボンを飲みながら延々と話をしました。この旅行では夜に限らず、絶えず中村さんと昭和史のさまざまな問題点について議論をしました。

中村さんが眠くなると、私は部屋に戻って妻の与志子に手紙を書き、それから『思想』に載せる原稿を何枚かずつ書いていきました。私としては珍しく、手許に史料をあまり持たない状態で書きましたから、今まで考えてきたことや感じていた問題点をまとめていく作業になりました。今読み返すと、ずいぶん理屈っぽいことを書いていると感じます。

旅の最後はハワイで、ジョージ・アキタさんと久闊《きゅうかつ》を叙しました。この時『伊藤博文関係文書』翻刻のグループへの参加を勧め、その結果アキタさんは、草書を読めるほとんど唯一のアメリカの日本研究者になったのです。

エアー・サイアム機でその後ハワイから羽田に向かったら、エンジン・トラブルでホノルルに戻され、仕方なく空港のロビーで修理が終わるのを待ちながら、中村さんと近衛文麿をどう位置付けるかについて延々議論を続けました。これは実に有意義な議論だったので、飛行機が再び飛び立った時に二人して、記録しておくべきだったね、と言い合ったものです。

『思想』の原稿は、当時私が最も違和感を覚えていた「ファシズム」論について疑義を呈するものとなりました。冒頭から少し抜き出してみます。


昭和戦前期の研究は最近に至って少しずつではあるが活潑《かっぱつ》化しているように思われる。しかし最近の研究や議論を読んでいて、多少史料を積極的に読んでいる私としてはかなり異《マ》和《マ》感を感ぜざるを得ないところが少くない。その異和感を感ぜざるを得ない問題点は多岐にわたるものであるが、一番基本的な点は「ファシズム」論である。

一般に、昭和戦前期、とりわけ政党内閣崩壊後の政治体制を当然のこととして「ファシズム」という用語で説明し、「日本ファシズム」とは何か？　という、つまり、「本質的」

に疑いもなく「ファシズム」であった戦前期日本の政治体制の、その「ファシズム」としての日本的特質は何であったのか？　が主たる議論の対象とされ、すべての研究や議論がそれとの関連で問題とされていることである。

要するに、戦前期の日本をファシズムという用語で規定することによって、見えない部分が出てきたり、矛盾が生じてしまうのではないか、ということです。

一般に昭和五年ぐらいまでが、政党内閣制の華やかなりし時代、つまり「大正デモクラシー」のピークの時期、昭和六年の満洲事変以降二十年までは戦争と「ファシズム」の時代、あとは戦後民主主義の時代、というように区分されていましたが、この区分自体を無効にするものです。

おまけに最後のほうで、立花隆《たちばなたかし》氏が当時『文藝春秋』に連載を始めていた「日本共産党の研究」を評価し、それが引き起こした日本共産党側の激しい反発に触れ、「こうした悪条件をのりこえて研究を進展させることが必要」と書いたのです。さらにこの年十一月号の『諸君！』では、立花氏と「神話の崩壊」と題した対談も行いました。

こういった文章が、いいだ・もも、飯沼二郎《いいぬまじろう》、鶴見俊輔《つるみしゅんすけ》といった進歩派が執筆したものと同じ特集に掲載されれば、左翼の諸氏を刺戟《しげき》し、いろいろ非難が出てくるであろうことは、ある程度覚悟していました。

座談会「昭和史を考えるヒント」

ほぼ同じ時期ですが、雑誌『諸君！』の昭和五十一（一九七六）年七月号に、佐藤誠三郎君、中村隆英さんとの座談会「昭和史を考えるヒント」が掲載されました。これはたしか、佐藤君から持ちかけられた話だったと記憶しています。

佐藤　政党内閣制がうまくいかずにそのあといわゆるファシズムの時代になるわけです。多くの歴史家は自明のこととして、この時代をファシズムと規定していますが、それが適切かどうかがまず大問題ですよね。

伊藤　このファシズムという言葉が、一体何を指しているのかということがまず大問題です。この間、必要があって『ファシズムと戦争』というシンポジウムを読みましたら、一番最初に、今井清一が、竹山道雄《たけやまみちお》とか林房雄は、日本がファシズムであるということを認めないのはけしからんと、遠山茂樹あたりと一緒に発言している。ところが数ページ読み進んでみるとこれがファシズムだというふうな規定をする場合に、ファシズムというものを識別する指標が必要だ、それは何であるかという議論が始まって、それがえんえん二百ページ以上を費やして結局、指標が見つからないんですよ。指標のないものを認めないかといっても、これはどうにもならない。

佐藤　そうだとするとファシズムというのは検討できないもの、信ずる他はないものになってしまう。

伊藤　もともとの日本共産党は反ファシズムということをいっていない。「三二テーゼ」で天皇制打倒に重点があって、それを表面的にせまっているようにみえるファシスト・グループへの闘争にきりかえることはとくに危険だといっているのです。

中村　ファシズムというのは、近代資本主義の上で、金融資本による暴力的独裁の形態だといわれているわけですが、その定義には天皇制などという古い尻《し》っ尾《ぽ》を引いていないわけでしょう。ところが「三二テーゼ」は、天皇制という絶対主義を対象としている。

伊藤　そこでちょっとお伺いしたいんですが、絶対主義というのは、封建社会最後の段階とかいわれているわけですね。

中村　ええ。

伊藤　封建社会の最後の段階が、ずっと続いているわけだから、ファシズムなんて興る余地はない？（笑）

中村　たしかにそういう面があります。ところがそこはまた不思議なんで「三二テーゼ」だって、ちゃんと日本は発達した資本主義だということも書いているわけですから、そこに一種の混乱がある。私はどうもロシアのツァーのイメージを日本に重ねてる面があるんじゃないかと思うときがあるんですがね。

伊藤　そうなるとマルクス主義の正統派は、ファシズムなんていうのを認めるはずがない。

中村　だから日本ファシズムと〝日本〟を先にくっつけるわけです。（笑）

『十五年戦争』

この座談会の翌月、八月には『十五年戦争』が刊行になりました。小学館の全集『日本の歴史』全三十二巻の第三十巻にあたるものです。『十五年戦争』というタイトルは出版社側からの要請でつけたもので、私が一九三〇年代から四〇年代前半の時期をこう捉えているわけではありません。

私を執筆者に加えたのは、編者の一人だった井上光貞先生です。

「大丈夫ですか。顔ぶれをみると近代の執筆者は、他はみな左翼ですよ」

私は、そう尋ねました。

実際執筆陣には、鹿野政直氏、大江志乃夫氏といった名前が並んでいました。

「いや、いいんだ。自分の思う通りに書け」

そう言われて書いたのですが、刊行後に井上先生は、「ごく当たり前のことを書いたな」と言ってくださいましたから、ご期待には応えることができたと思っています。

私の人生の大事なところには、必ず岡義武先生と井上光貞先生がいらっしゃる、とつくづ

小学館『日本の歴史』完結記念会。著者と話しているのは経済学者の安藤良雄氏

く思います。

　この本でも、「ファシズム」でこの時代を切り分け、それにつながる善玉と悪玉の葛藤《かっとう》という、きわめて単純で、イデオロギー的な歴史観に疑義を呈しました。戦争だって、日本だけでできるものではありません。「日本がなぜ戦争をしたか」だけではなく、「これらの諸国はなぜ戦争をしたか」を問わなければならない。歴史はもっと綿密に、かつ突きはなして検討する必要があるのです。

　結果からすると左翼の連中が非常に怒りましたから、「大丈夫」ではなかったようです。私はともかく小学館がのちに『昭和の歴史』という別のシリーズを立ち上げたのは、その方々をなだめる必要があったからでしょう。ちなみにこのシリーズでは、「十五年戦争」の時期を江口圭一氏が執筆しています。

囂々たる非難の数々

最初の強い調子の非難は、法政大学の松尾章一《まつおしょういち》氏による「大会報告に寄せて　現代反動的歴史観の一典型――伊藤隆著『十五年戦争』批判」で、『歴史評論』の昭和五十二（一九七七）年八月号に掲載されました。すでに前年度の歴史学研究会の現代史部会「現代における政治的反動の諸形態」をきっかけに、「反動的歴史観」の持ち主という決定的なレッテルを、私は貼られていました。

松尾氏は『十五年戦争』に、「再読するに耐えぬ　吐き出したいほどの著書！　近年このような不愉快きわまりない本を読んだことはない。（腹の中がニエタギル思いで批判のために読む！）」と書き込み、「以後、会う人ごとに、あらゆる場所で、本書を黙殺しておいてよいものだろうかと力説してまわった」と言います。

面白いので、いくつか抜き出してみますと、

「これまでのわれわれがあきらかにしてきた第二次世界大戦の反ファシズム戦争としての一面を否定し、『大東亜戦争肯定論』を擁護しようとしている」

「著者の、天皇・軍部・財界にたいする戦争責任にたいする追及はきわめて弱い。というより弁護的立場で一貫して叙述されている」

「反共主義的・現体制擁護的なイデオローグに堕してはいないだろうか？」

こういった調子です。

『歴史学研究』の同年十二月号は、「日本ファシズム論の再検討」を特集しました。

ここでは安部博純《あべひろずみ》氏が、「伊藤氏はファシズム概念そのものを否定しているのである」とまったくの曲解を披露し、「体制概念抜きに政治史が成り立ちうるのかどうか」と述べています。

また壬生史郎《みぶしろう》という人、おそらく西洋史の西川正雄《にしかわまさお》氏のペンネームだろうと推測していますが、彼はまず「昭和政治史研究への一視角」について、「『思想』の権威を言挙げしたくはないが、それまで犬の遠吠《とおぼ》えに近かった『ファシズム』概念否定論を、檜《ひの》舞台に乗せたようなものだ。『思想』のそれは見識か、それとも時流に棹《さお》さしただけなのか」と、『思想』に八つ当たりした上で、私の論を、第二次世界大戦における日本の責任を弁明する「弁明史観」だと位置付けています。『十五年戦争』と関連して、小学館の『日本の歴史』の「編者または執筆者となった人びと」まで批判しました。

壬生氏のみならず、私を批判する際にペンネームで執筆する人は他にもいました。『歴史評論』の昭和五十三年二月号では佐瀬昭二郎《させしょうじろう》なる人が、「反動イデオローグの戦後史認識」なる一文で私の戦前戦後の連続性の強調について批判していますが、この方などもなぜか、その前も後も何かを発表した形跡はなく、どうやら実態のない人物のようです。

『近代日本研究入門』

このようななかで、昭和五十二（一九七七）年秋、中村隆英さんと共編で『近代日本研究入門』を出しました。

三部構成になっていて、第一部は、明治維新から占領期に至る八十余年を六つの時期に分け、それぞれの時代について、主としてその政治過程の特色をあとづけ、それをどう考えるべきか、またどう調べていくべきかを述べています。第二部は、同じ期間を問題別に縦割りにして、六つの課題についてその問題を解明し、それを調べるための手掛かりを示していきます。第三部は研究の手引で、史料の見方から使い方、そして史料の解説から史料館の利用法までを示しています。

第一部冒頭の明治維新については、佐藤誠三郎君が書きました。佐藤君は次第に現実政治に関わるようになり、大平正芳《おおひらまさよし》内閣・中曽根康弘《なかそねやすひろ》内閣ではそのブレーンとして活躍しましたが、明治維新論をまとめたいという気持ちを強く持っていました。遠山茂樹さんの『明治維新』（岩波全書、昭和二十六年）を叩《たた》き潰《つぶ》し、取って代わるのが彼の夢でした。

執筆者は中村さんの他、坂野潤治君、三谷太一郎君、渡邉昭夫君、原朗さん、三谷博君、さらに有馬学君や佐々木隆君、北岡伸一君などでした。

私は第一部で「藩閥と民党」「戦時体制」を、第三部では「歴史研究と史料」「聴き取りについて」を書きました。

「戦時体制」は、「昭和政治史研究への一視角」の後半の課題の部分を増補したものですが、これにも早速非難が浴びせられました。特に昭和五十四年の『歴史科学』に掲載された「帝国主義部会若手グループ」なる人々によるものは興味深いものです。

伊藤隆氏の反動的歴史観については、松尾章一氏や壬生史郎氏ほか少なくない論者がすでにとりあげて、その問題点を指摘している。しかし、伊藤氏はこうした批判を尻目に、高校生に対しては教科書（山川出版『日本史』）、一般成人むけには概説書（小学館『十五年戦争』）や綜合雑誌（『諸君』）、「公開講座」（朝日カルチャーセンター「語りつぐ昭和史」）など、さまざまな機会を利用して科学的現代史研究の成果を攻撃し、本書においても同様の議論をくりかえしている。この執拗《しつよう》さに比べるならば、われわれの側の反論は必ずしも充分ではない。（中略）われわれの現代史研究自体に伊藤氏らがつけいるすきがあったことを率直に認識し、そのような学問上の不十分さの克服につとめることである。前述した「日本ファシズム」概念のあいまいさのほかに、従来の「日本ファシズム」論がさまざまな政治勢力間の複雑な関係を内在的に説明しきれる論理をもっていなかったこと、大正デモクラシー研究と「日本ファシズム」研究が必ずしも充分にかみあっていなかったことなど、克服さるべき問題は少なくない。反動的歴史学とのたたかいをとおして、われわれの学問を高めていかねばならないのである。

むしろ誉められているようなものでしたが、最後には佐藤君と中村さんと私は「現代反動歴史学」の「三人組」として、「彼等の活動に注意を喚起したい」と結ばれています。

十余年後の収束

昭和五十四（一九七九）年に、当時立命館大学にいた山口定《やまぐちやすし》氏が『ファシズム』を有斐閣から刊行したのですが、これは私たちの議論に批判的な人々から歓迎される内容を持っていました。

そこで翌年五月には、東京大学法学部政治史研究会で、坂野潤治君と馬場康雄《ばばやすお》氏が報告者となり、山口氏を招いて『ファシズム』をめぐる議論が行われました。私も参加しましたが、この本の前半に書かれたファシズムの特徴と、日本の「ファシズム」と彼が呼んでいるものとのギャップについて、彼自身がどう考えているのか、最後まで理解することができませんでした。

山口氏の本については、同年秋の『歴史評論』十一月号でも、山口氏、西川正雄氏、吉見義明氏による座談会が行われ、私の議論に対してさまざまな批判がなされました。

ところが、いちばんの批判者と考えられた西川氏までもが、こう述べているのです。

「日本をなにがなんでもファシズムと呼ばなくては、気がすまないということでは決してないのです。日本の実体が世界史的な観点から見て、一層よく説明できればいいのであって、その観点から見て、やはり、日本の経験はファシズムという概念を使わないで説明した方が全体として理解が進む、というのならば、それはそれで良い、と考えております」それこそ私が最初から言いたかったことですから、これで「ファシズム論争」も大体終わった、という気分になりました。

翌五十六年には立正大学大学院の非常勤講師を引き受け、その縁で立正大学史学会大会では、『思想』論文から五年経っての「ファシズム論争」の論議を紹介し、決着がついたと述べました。

「昭和政治史研究への一視角」は、昭和五十八年に刊行された論文集『昭和期の政治』（山川出版社）の冒頭に収録すると、再び書評に取り上げられました。なかでも粟屋《あわや》憲太郎《けんたろう》氏による『史学雑誌』昭和六十年十二月号での批判的な書評は、私の考えをまとめるのに格好のものだったので、「『ファシズム論争』その後」として『年報・近代日本研究』10に反論を書きました。『思想』に掲載されてから十余年。これで完全にこの議論は終わりになり、新しい段階に入ったと思われました。

ところが平成七（一九九五）年、東京大学教育学部の藤岡信勝《ふじおかのぶかつ》氏が、学校教育の観点から「東京裁判史観批判」を展開しはじめます。いまだ発展段階説に依拠してきた日教組系の中学・高校の先生たちが、共産主義体制の崩壊によって動揺した時期にも重なって、大きな反響を呼びました。左翼系の学者たちは危機感を抱いたようで、翌年、藤原彰・森《もり》田《た》俊男《としお》編『近現代史の真実は何か――藤岡信勝氏の「歴史教育・平和教育」論批判』という本が刊行され、その中で由井正臣《ゆいまさおみ》氏が、「日本はファシズムではなかったのか」という文章を書いて、私の名を挙げて批判しました。まだ終わっていなかったのです。ただ由井氏の文章は、これまで議論されてきたことの繰り返しにすぎず、反批判をするまでもなく収束しました。

つねづね思っているのですが、アウシュヴィッツや「収容所列島」とまで言われた膨大な数の強制収容所を持つような体制こそを、ファシズム体制や共産主義体制を含めて全体主義と呼ぶのが適当なのではないでしょうか。

山川出版社の日本史教科書

「帝国主義部会若手グループ」にも取り上げられた山川出版社の高校生用の日本史教科書、これに関わるようになったのも井上光貞先生に言われてのことです。

昭和五十（一九七五）年供給の新版からですが、手帳を手繰ってゆくと、昭和四十六年七月に「教科書レジュメ作成」とあるので、東大に戻って早々に準備を始めていたことがわかります。

日露戦後から第二次世界大戦の終了までが私の担当で、この間の経済事情と戦後については、高村直助さんが書きました。当初は、それまでの教科書の近代の記述がいかにも左翼的なので、まったく新しく書き直すぞという意気込みで倍近い分量を書いたのですが、もちろん教科書はページ数が決まっていますので圧縮しなければなりませんでした。

私の狙いは二つありました。「大正デモクラシー」「ファシズム」「天皇制」という言葉を使わないこと、すなわち「デモクラシーの発達」という見出しは「民衆勢力の台頭」へ、「ファシズムの進展」という見出しは「軍部支配の進展」に置き換えました。もう一つは、真正面から「転向」の問題を取り上げることです。

原稿が出来上がると山川出版社は、関係の深い高校の先生たちに見せて意見を求めました。かなりのリアクションがあり、いろいろと文句が出たと聞きました。なるほど、先生たちは左翼系だからな、と思いましたら、必ずしもそういうことではないと言う。要するに、今までと違ったことを書かれると、これまで使っていたノートを使えなくなるから困るということらしい。また、転向を扱ったことには反対意見もあったようでしたが、これは押し切りました。

教科書には、検定があります。山川出版社の教科書は文部省の標準教科書という面があったので、検定でクレームがつくことはあまりなく、ごく些細《ささい》な手直しで済みました。それでも山川の教科書はシェアが大きく、いわゆる進学校のほとんどが採択していることもあり、教科書検定のたびにジャーナリズムが大きく取り上げるので、取材をいちいち断るのが面倒でした。

たしかに教科書は、それを使って教える高校の先生たちによって活きるも活きないも決まるので、彼らの意見を無視することはできません。ですが、その後の東大受験生の答案を見る限りでは、先生たちがやっている授業そのものは、教科書によってあまり影響を受けないようです。とにかく入試の答案を見ていると、受験生の大半が過激な左翼としか思えない。政治学のある先生が、「高校の先生たちは、日本の戦前は法治国家ではなかったと教えているに違いない」と嘆いていましたが、近代史についても同じでした。それでいて実際の学生たちは左翼的というわけではありません。もちろん紛争の頃のように、入学してくる学生の大半が左翼的な考えを持っていた時代もありますが、多くはそうではない。言うなれば学生たちは、先生たちの教えることを忠実に答案に反映させていただけなのです。

問題なのは、そうしたことが「左翼的」と意識されずに「常識」となっていることのほうで、これはつくづく厄介だと感じました。このあたりの消化しきれないものが、その後の「新しい歴史教科書をつくる会」や育鵬社の教科書に関わっていくエネルギーになっていったと言えます。

『年報・近代日本研究』

教科書をきっかけにして、山川出版社との付き合いが深まりました。

山川出版社が『日本歴史大系』を企画した際、現代篇の二冊は、大久保利謙先生の監修で、坂野潤治君や高村直助さん、中村隆英さんなどと分担して執筆することになりました。途中で中断があったりして、結局、季武嘉也《すえたけよしや》君、加藤陽子《かとうようこ》さん、小池聖一君、島田洋一《しまだよういち》君、佐々木隆君、古川隆久君などにも分担してもらって、平成二（一九九〇）年にようやく出版されました。

昭和五十四（一九七九）年からは、近代日本研究会を母体に『年報・近代日本研究』の刊行が始まりましたが、これも山川出版社からです。自分たちの研究発表の場所を作ろうと立ち上げたのですが、「伊藤一派」の旗揚げとして警戒された面もあったようです。「近代日本史」ではなく、あくまで「近代日本」。「史」という文字を取ることをいちばん強く主張したのは佐藤誠三郎君で、歴史の研究者だけではなく、もっと広い分野に声をかけてメンバーを集めました。「近代日本史に対する関心」ではなく、「近代日本に対する関心」を共有したいと考えたのです。

『年報・近代日本研究』は、私と佐藤誠三郎君、三谷太一郎君、中村隆英さん、坂野潤治君が初代の編集委員となりました。

第一号の特集は「昭和期の軍部」でした。昭和史の研究において不可欠なはずの陸軍の研究が非常に遅れていることをかねがね痛感していたので、この時期に閲覧を許された真崎甚三郎日記、南次郎《みなみじろう》日記、本庄繁《ほんじょうしげる》日記を皆で利用しながら作り上げました。佐々木隆君の「陸軍『革新派』の展開」、北岡伸一君の「陸軍派閥対立（一九三一〜三五）の再検討」、御厨貴君の「国策統合機関設置問題の史的展開」など力作が揃《そろ》っています。私は真崎甚三郎の日記を抄録掲載するとともに、「昭和一七―二〇年の近衛―真崎グループ」を発表しました。

第二号は坂野君と北岡君の担当で「近代日本と東アジア」を特集しました。この号で私は、坂野君の『明治・思想の実像』と酒田正敏君の『近代日本における対外硬運動の研究』の二冊の書評をしています。この頃、研究の最初期からの仲間だった坂野潤治君は、少しずつ研究の方向を転換していました。それに対して私は、かなり強い批判を持っていたので、彼の「脱亜論」との関連で疑問を呈するかたちになりました。

最初の頃は、特に「これで日本の学界を変えていくぞ」という意気込みもあって、かなり頑張りましたから、今読んでも面白いのではないかと思います。売れ行きもこの類の雑誌としては良かったらしく、大いに気勢をあげたものです。最初危ぶまれていたように、左翼研究者の包囲攻撃によって壊滅することにはならず、場合によっては左翼と見られていた研究者でも誘ったら参加してくれるようにさえなりました。毎年、『史学雑誌』「回顧と展望」特集でも、この年報に掲載された論文が大きく取り上げられ、一つの「権威」になったと言ってもいいかもしれません。

何でもそうですが、始めたら必ず終わりがあり、終わりにする、というのが私の希望でした。十年ひと昔と言いますが、十年で区切りをつけるのが理想だと思っています。

もともと山川出版社とは、どちらかがやめたくなったら率直に話し合おうと言っていたこともあり、十号まで出したところで私は突然「やめよう」と切り出したのですが、編集委員も山川出版社も賛成しませんでした。

「わかった、でも、これまでの五人の編集委員は一斉にやめて、世代交代させよう」と私は主張して、編集委員は、御厨君、北岡君、三谷博君、阿部武司《あべたけし》君、坂本多加雄《さかもとたかお》君、佐々木隆君に代わりました。坂野君は二代目の編集委員に残りたかったと聞きましたが、「君はわれわれの世代だ。君がいたら次の人たちが自由にできない」と言って代えてしまいました。

結果として『年報・近代日本研究』は二十号で終わりました。二代目の編集委員たちがやめたわけではなく、山川出版社が売れなくなったのでやめる決断をしたのでしょう。

山川出版社からは、昭和五十六年に始まった近代日本史料選書というシリーズの第一弾として、『大正初期山県有朋《やまがたありとも》談話筆記・政変思出草』や『海軍大将小林躋造《こばやしせいぞう》覚書』を出しました。続いて、『本庄繁日記』『徳富蘇峰《とくとみそほう》関係文書』『松本学日記』などを出し、『真崎甚三郎日記』もこのシリーズで刊行しています。

昭和五十八年には近代日本研究双書というシリーズを計画し、その一冊目として「昭和政治史研究への一視角」を冒頭に収めた『昭和期の政治』を刊行、二冊目が中村隆英さんの『戦時日本の華北経済支配』、三冊目が野村實さんの『太平洋戦争と日本軍部』で、あと劉《りゅう》明修《めいしゅう》(伊藤潔《いとうきよし》)君の『台湾統治と阿片《あへん》問題』、御厨貴君の『首都計画の政治』など数冊が続きました。

山川出版社にはずいぶん助けていただきました。特に塙《はなわ》ひろ子さんと鴇崎信夫《ときざきのぶお》さんには、本当にお世話になったことが忘れられません。

憲政記念館と私

昭和五十六（一九八一）年には大久保利謙先生から、衆議院憲政記念館の顧問の職を引き継ぐようにと言われ、その年の四月から平成二十三（二〇一一）年まで務めました。

憲政記念館は、常設展の他に毎年一回特別展を開催しましたが、その年のテーマに関して事前に私がレクチャーをし、担当の館員が各方面に史料の出陳を求めて奔走、特別展を開くという段取りで行いました。展示目録に概説的な文章を書くのも、多くは私の仕事になりました。

記念館の中心人物、渡辺行男《わたなべゆきお》氏や伊藤光一《いとうこういち》氏とも親しくなりました。

かつて『昭和初期政治史研究』に取り組む際、宇垣一成のご遺族である一雄氏から、「随想録」のマイクロフィルムを拝借し、焼き付けを作って利用したことがありました。その後、連絡先がわからなくなっていましたが、憲政記念館が「随想録」を特別展に出陳した関係で遺族と接触があったので、渡辺行男氏に住所をお聞きして、昭和五十六年に宇垣一雄氏を三浦半島の馬堀海岸《まぼりかいがん》に訪ねました。

この時はかなりの量の書簡と書類を見せていただき、その後も数回通って、拝借と返還を繰り返し、いくつかの論文を書きました。五十九年に一雄氏が亡くなられると、未亡人は大半を憲政記念館に寄託され、一部を憲政資料室に分与されました。経緯はわからないのですが、憲政資料室にはすでに宇垣一成関係文書が入っており、また一雄氏以外の遺族からは早稲田大学にも関係文書が寄贈されていて、三箇所に分かれてしまっています。そのうち書簡については、兼近輝雄《かねちかてるお》氏ら早稲田関係者の手で『宇垣一成関係文書』として芙蓉書房から刊行されました。

昭和六十年夏に、重光葵の親戚という東京放送の犬丸治《いぬまるおさむ》氏が、重光手記の一部を持って来訪され、八月十五日にニュースで流す際のコメントを求めました。非常に興味深いものだったのでコメントをし、さらにご遺族に全体を出版したい旨を話してくださるようにお願いしました。昭和六十一年の特別展の準備をしておられた渡辺氏にもこの話をし、一部の出陳をお願いしたところ、早速快諾を得ました。

この時、出版のお願いも承諾いただけているのがわかりましたので、渡辺氏とともに神宮前に息子の重光篤《あつし》氏を訪問、「戦争を後にして」を中心とした貴重な手記を出版するお許しを得ました。駐英大使時代の「霧のろんどん」から「戦争を後にして」までの三十冊の手記をまとめて、渡辺氏と二人で書き起こし、『重光葵手記』と題して中央公論社から昭和六十一年に刊行しました。人名索引は古川隆久・田浦雅徳両氏に作ってもらった他、中央公論の平林敏男・小沼千明両氏と校閲の出綾子さんにも助けられました。これが、同社からの史料出版の事始めともなりました。

二年後の昭和六十三年には『続 重光葵手記』を、やはり渡辺氏と共編で刊行しました。

『重光葵手記』に入れられなかったもの、その後重光家で見出されたものをまとめたもので、特に貴重なのは昭和二十六年から三十一年の日記です。

さらに、平成十三年になって、渡辺氏から、篤氏のところで「最高戦争指導会議関係書類」が見つかったとの連絡がありました。戦争末期に組織された最高戦争指導会議についでは全貌《ぜんぼう》を伝える史料が少なく、一見して大変貴重なものとわかりました。ただ、これだけでは量が少なくて一冊の本には足りないので、過去二冊を出版した時に収録できなかった「聯《れん》立《りつ》協力内閣　小磯《こいそ》・米内《よない》」と題されたノート六冊分の手記を合わせ、『重光葵　最高戦争指導会議記録・手記』として平成十六年に刊行しました。渡辺氏がご高齢を理由に共編者になることを辞退されたので、武田知己《たけだともき》君がパートナーでした。矢野信幸《やののぶゆき》さん、鹿島晶子さんのご協力も得ました。

第6章　近衛新体制をめぐる人々

なぜ近衛新体制か

私にとって昭和五十年代の最大の関心事は、やはり「近衛新体制」でした。昭和十三（一九三八）年の近衛新党問題について、二年後の大政翼賛会の成立までを含めてどう捉えるか、『昭和初期政治史研究』をまとめる段階から、早く決着をつけようと考えていました。

近衛文麿という人物は、軍部や官僚、右翼、左翼の「復古―革新」派から最高指導者として待望されましたが、本当は何をしたかったのか、これがまず見えてきません。彼をめぐる諸勢力の動きも複雑に入り組んでいます。昭和十五年十月に発足した大政翼賛会も、「ファシズム」的なものであることを近衛自身が否定している以上、以後「ファシズム」体制が固まったという戦後の教科書にあるような簡単な片づけ方で済むわけがありません。

近衛新党問題が起きた昭和十三年の頃には、すでに支那事変は泥沼化し、政友会や民政党への国民の信頼はなく、政治は混迷を極めていました。新党結成が期待される世の中がどういう状態かは、昨今のいくつかの例からも理解できます。

政治の混迷の発端は一九三〇年代初頭の、ロンドン海軍軍縮条約締結の時期に遡ります。軍縮問題や世界恐慌に端を発する深刻な経済恐慌など、それまでとは異なる世界的な危機に対して、政党内閣は有効に対処できず、この時二〇年代に成立した「革新─復古」派が政治における影響力を増大させたのです。ただ「革新」派は、強力な政府を樹立することを主張してはいましたが、新体制運動のような「一国一党」支配という考え方はまだ見られません。「革新」派の中で、こうした考え方が一般化するのは昭和十年代に入ってからで、ドイツのナチ党やイタリアのファッショ党、ソヴィエトなどがめざましく発展した時期にあたっています。

「革新」派で期待を集めたのが社会大衆党で、麻生久《あそうひさし》─亀井貫一郎がリードするこの党こそが体系的な一国一党論を展開します。彼らが近衛文麿に接近することによって、新党をめざす動きは加速していきました。

研究の準備はずいぶん早くから始めていました。近衛文麿の史料は、彼が京都に設立した陽明文庫《ようめいぶんこ》に近衛家伝来の史料とともに収められていて、かなりの分量になりますが、それを調べていったのです。

亀井貫一郎

近衛新体制の研究の過程では、近衛文書の他に新しい史料として大きなものを二つ発掘しました。亀井貫一郎の文書と有馬頼寧《ありまよりやす》の日記と文書です。

亀井貫一郎（一八九二～一九八七）といっても、知る人は少ないでしょう。外務省を経て、社会民衆党・社会大衆党の代議士となり、麻生久らとともに近衛新党計画の中心となった人物です。麻生や亀井は、近衛と密接な関係を持っていた政界の黒幕秋山定輔《あきやまていすけ》、秋田清《あきたきよし》らと組み、近衛をリーダーとして担ぎ上げ「一国一党体制」をクーデター的に成立させようとしたのです。昭和十三（一九三八）年二月にはこのグループを中心として、政党本部推参事件が起きています。「国内相剋排除、一国一党」を掲げて政友・民政両党に解消を勧告し、民政党本部は阻止されたものの、政友会本部を占拠した事件です。

近衛文書の中には、昭和十三年の亀井書簡が二通残されていました。これをもとに聞き取りをお願いしたところ、当時七十六歳の亀井氏は早速承諾のご返事をくださいました。こうして昭和四十三年七月三十日に、理事長をされていた産業経済研究協会の事務所で、第一回の聞き取りを行いました。竹山護夫君と一緒でした。

亀井氏は、非常に積極的に質問に答えてくださいました。そのあと八月に二回、十二月にもお話を伺い、十二月はたしか平塚《ひらつか》のご自宅まで行ったと記憶しています。物事を誇大に言うという評判があって、多少それを感じなくもありませんでしたが、それでも得たものは大きかった。日本留学中のゴードン・M・バーガー君も一緒に訪ねたことがあります。『五十年「ゴム風船」を追って―亀井貫一郎備忘録より』という私家版の回想録も大いに役立ちましたし、手許に残された史料を利用させてくださったことも有益でした。

この史料は亀井氏が亡くなった後、長男の一綱氏の同意を得て国会図書館の憲政資料室に寄贈されました。なおインタビューの記録は、昭和四十五年に、日本近代史料研究会『亀井貫一郎氏談話速記録』としてまとめられています。

有馬頼寧と頼義

もう一方の有馬頼寧(一八八四~一九五七)は伯爵家の出身で、近衛とは若い頃からの親しい友人です。社会運動に取り組むなど「革新」華族としても知られ、第一次近衛内閣では農林大臣を務めています。

昭和十三(一九三八)年に有馬は、近衛の意向もあって、産業組合青年連盟を背景に「革新」政党を作ることを考えました。結局この時は近衛自身が消極的になり、内閣総辞職によって実現しませんでしたが、十五年になると各グループの動きが再燃します。第二次近衛内閣が発足し、革新勢力も既成政党も自ら党を解散、全政党が合流して大政翼賛会が結成され、有馬は近衛に次ぐナンバー2の事務総長に就任しました。だが有馬には、観念右翼などからの非難が集中し、翌春には辞職に追い込まれ、大政翼賛会も当初の目的から大きく外れて政府の翼賛組織となり、落日を迎えるのです。

有馬文書にはいろいろなものがあって、『現代史資料44　国家総動員・政治』に収録した大政翼賛会実践要綱も、その中から見つけたものです。大政翼賛会の綱領は発足時には掲げられず、昭和十五年十二月に至って、代わるものとして「実践要綱」が発表されました。貴重な史料で、これによって『翼賛国民運動史』にはまったく触れられていない審議経過なども、かなり詳しく知ることができます。

有馬文書の利用を息子の有馬頼義《よりちか》氏にご承諾いただき、荻窪《おぎくぼ》のご自宅を訪ねたのは、昭和四十四年のことです。この時、有馬頼寧が日記を残していたことを知らされます。飛び上がるほどに嬉しいとはこのことで、お話を伺った上で見せていただき、コピーも許していただきました。

日記は大正八（一九一九）年から始まり、昭和三十二年に亡くなる直前までが残されていました。昭和二年から十二年までは欠けていますが、それがなくても膨大なもので、一日ではすべてのコピーをとることはできず、それから何度も伺いました。

頼義さんはその後、昭和四十八年に雑誌の女性記者と心中未遂し、自分は生き残って相手は死んでしまい、精神病院に入れられてしまいます。奥方が〝お殿様〟を押し込めにしたわけです。ところが頼義さんは、旧家臣の力を借りてその病院を飛び出してしまったので、家長の失踪《しっそう》したお宅は、私としてもちょっと訪ねにくくなりました。

頼義さんはそのまま回復されず、昭和五十五年に亡くなります。そこでまた奥様のところへ行ってみると、私を覚えていてくださって、史料の憲政資料室への寄贈のお願いにも、「結構でしょう」と言ってくださいました。面白かったのは、「頼義さんのも、できればちょっとほしいのですが」とお願いすると、「これはお金になるから駄目」と言われたことです。それでも少しだけは、神奈川県立近代文学館に寄贈していただきました。

しばらく後に大久保利謙先生から、有馬頼寧の巣鴨獄中期の日記を「出版するよう努力してほしい」と手渡されました。有馬の娘さんがお持ちのもので、尚友倶楽部の協力のもと平成九（一九九七）年に刊行されました。この尚友倶楽部については、あとでまた触れます。時を同じくして笹川良一《ささがわりょういち》の『巣鴨日記』の校訂をしていましたので、非常に対照的な日記で面白かったです。

これが引き金になって、有馬頼寧の日記を全部出版しようということになり、大正八年から昭和二十一年秋までの分が『有馬頼寧日記』全五巻として刊行されました。

有馬日記は女性関係の記述が頻々と出てきて、社会運動や政治についての記載の彩りとなっています。獄中にあっても女性の回想が多く、普通なら問題になりそうなので、頼義さんに「女性問題がいっぱい出てきますが、ゆくゆくは出版というような場合、どうしますか」と聞いたことがあります。すると直木賞作家の頼義さんは、「君と僕とは観点が違う。俺はそれ（女性関係の記述）があるから出すんだ」と言われました。ですから、ご遺族の意向を十分に汲《く》んでの出版ということになるのです。

『有馬頼寧日記』の刊行が終わるのは平成十五年ですが、その際、人名索引を大学の頃の学生だった山本一生《やまもといっしょう》君に依頼しました。卒業後、サラリーマンをやりながら競馬史を研究していた変わり種で、有馬頼寧は競馬の有馬記念競走にその名を残していますから興味があるだろうと思ったのです。人名索引を作るにはかなり深いところまで調べが必要ですが、彼はその時の調査をもとに、頼寧の女性関係の一端から時代相を描く『恋と伯爵と大正デモクラシー』（平成十九年）という面白い本を書いて日本エッセイスト・クラブ賞を受賞しました。

史料から枝葉が広がっていく

史料というものは尾を引き、枝葉が広がっていきます。

有馬頼義さんには、安達巌氏や豊福保次《とよふくやすじ》氏を紹介していただきました。二人は有馬日記にもよく登場していて、産業組合青年連盟や革新農村協議会といった近衛新党とつながる話についても伺いました。

亀井貫一郎さんには、杉原正巳《すぎはらまさみ》氏を紹介されました。昭和四十三（一九六八）年一月に竹山君と一緒にお宅に伺い、杉原氏が主宰されていた『解剖時代』という革新官僚の機関誌を全巻貸していただき、コピーしました。これは国会図書館にも揃っていないもので、いずれ憲政資料室に渡そうと考えています。亀井の甥《おい》にあたる毛里英於菟《もうりひでおと》らが執筆していますが、毛里が鎌倉一郎、他もナントカ次郎みたいなペンネームですから、よほど研究しないと誰が書いているのかすらわかりません。毛里史料も、息子の聡氏から憲政資料室に寄贈していただきました。

近衛新体制の関係者で史料がなくて残念だったのは、社会大衆党のリーダーだった麻生久（一八九一～一九四〇）と政界の黒幕秋山定輔（一八六八～一九五〇）です。

麻生久については、ご長男にお目にかかり、何も残っていないと聞かされました。

秋山定輔は明治二十六（一八九三）年に『二六新報』を創刊し、衆議院議員となり、日露戦争時に「露探」と指弾されて辞職、その後、政治団体桜田倶楽部を結成します。昭和初年、床次《とこなみ》竹《たけ》二郎《じろう》の民政党脱党から政友会復党を背後で操っていたとの話もあり、『小川平吉関係文書』以来、関心を持ち続けていた人物です。

桜田倶楽部のメンバーの原田政治《はらだせいじ》氏を通じて、長男の秋山一《はじめ》氏に接触することができましたが、秋山氏のもとにも史料はほとんど残されていませんでした。それでも虎ノ門の秋山ビルに入っている桜田倶楽部や、調布《ちょうふ》市の深大寺《じんだいじ》の隣に所有する広大な山の中の茶室も見せていただきました。

原田政治氏は、私が知り合った中でほとんど唯一の「政界浪人」と言える人です。研究のためにこれまで多くの方々に情報をいただき関係者を紹介してもらいましたが、氏はその最大の一人です。原田氏にも二回にわたってインタビューをし、昭和五十年に『中央公論　歴史と人物』に「素顔の北一輝と二・二六事件——原田政治氏に聞く」という題で発表しました。お宅は日赤病院から広尾《ひろお》に下りていく坂道の途中にあり、北一輝のお話を伺ったりして帰る際に、「これ」と言って幾許《いくばく》かのお金を紙に包んでくださる。いただくわけにはいきませんとお断りすると、「老人に恥をかかせるものではない」と強くおっしゃる。結局いつも有難く頂戴《ちょうだい》して坂道を下りて帰るのでした。

それからもう一つ、これは私が見つけた史料ではありませんが、昭和四十九年には読売新聞社から『矢部貞治《やべていじ》日記　銀杏《いちょう》の巻』が刊行されています。

矢部貞治（一九〇二〜六七）は、東京帝国大学法学部の政治学の教授です。昭和十年代の政治史において決して主役を務めたわけではありませんが、昭和研究会、海軍の外交懇談会や綜合研究会、総力戦研究所、国策研究会など、当時数多く存在した公的・私的な国策研究機関に参加し、調査・立案のリーダーとしての役割を果たしています。

刊行後すぐに一読し、その面白さに魅了され、翌昭和五十年と五十一年の東大の特殊講義を『矢部貞治日記』を中心に行いました。この講義原稿に手を加えて昭和五十三年に山川出版社から出したのが『昭和十年代史断章』です。

この時も早速、矢部貞治のご遺族に連絡をとり、残された史料を閲覧させていただきたいとお願いし、お許しを得たのですが、残念なことに『昭和十年代史断章』の刊行までには時間をとることができませんでした。きわめて興味深い史料がいくつもあり、のちにご遺族にお目にかかり、話し合いの末に憲政記念館に寄託していただきました。いつかこれらを使って論文を書きたいと考えながら、いまだ果たせていません。

『近衛新体制―大政翼賛会への道』

早めにと考えていた新体制運動ですが、その分析・研究がかたちになったのは、昭和四十九（一九七四）年の『中央公論 歴史と人物』に掲載された「新体制運動とは何か」が最初です。

利用した史料は、近衛文麿関係文書（陽明文庫蔵）、木戸幸一関係文書、有馬頼寧関係文書、亀井貫一郎関係文書、旧昭和研究会史料、これは昭和同人会が所蔵していたもので後藤隆之助氏に頼んで全部コピーさせていただきました。それに、東京都立大学法学部が所蔵していた大政翼賛会史草稿、石田雄さんが所蔵していた文書、アジア経済研究所が複写していた後藤隆之助保管の海軍省調査課の史料、これはのちに大東文化大学に移管されました。さらに木戸幸一日記、小川平吉日記、有馬頼寧日記、『後藤隆之助氏談話速記録』などを使って、六十ページにもなる長い解説を書き、新体制運動が旧社会主義者が中心になって推進された運動であることを明らかにしました。これも左翼の人々にとっては面白くなかったでしょう。

書き上げると中央公論社の平林孝君から、「新体制運動とは何か」をもとに中公新書一冊をまとめるよう依頼され、その後に宮一穂氏に担当が移り、最終的に新書編集部へ異動した平林君の手によって昭和五十六年に刊行されます。これが『近衛新体制――大政翼賛会への道』で、昭和十三年と十五年における近衛新体制運動を紹介し、大政翼賛会の発足と落日までを分析したものです。この本の「あとがき」に、私は次のように書いています。

「近衛新体制」運動――大政翼賛会の成立は多く日本ファシズムの確立として評価されてきた。私は本書においてファシズムという言葉を使っていない。ただ「ファシズム」を、党による国家の支配、政治による経済の支配を中核とする新しい体制をめざす、別な言葉でいえば全体主義を意味するとするならば、それに最も近いものをめざしたのは新体制運動を推進した「革新」派であったといってよい。近衛をはじめとして、軍内の「革新」派、新官僚の多く、そして風見章《かざみあきら》、有馬頼寧、中野正剛、尾崎秀実《おざきほつみ》、社会大衆党の多く、さらに転向した共産党員の多く（この大半が戦後再転向して日本共産党を構成する）がそうだということになるが、多くの論者が彼らを必ずしも「ファシスト」とよんでいるわけではないのは一体どういうわけであろうか。

しかもこれらの戦争を通じての変革をめざした「革新」派は勝利したのだろうか。むしろこの運動は昭和一六年四月の改組で、敗退したとみた方がよい。するとファシズムの「確立」というのは変ではないのか。むろん、以後さらに戦時体制は強化されていったが、しかし戦時体制イコールファシズムではないはずである。

『近衛新体制』と並行して、「旧左翼人の『新体制』運動」という論文を書き、『年報・近代日本研究』5（昭和五十八年）に発表しました。

転向した旧日本共産党系の人々による運動として、昭和十年代の日本建設協会、国民運動研究会の二つを長野県を舞台に取り上げ、その実態を明らかにしたものです。いわば草の根の新体制運動で、小林喜治《こばやしきじ》氏、竪山利忠《たてやまとしただ》氏、川崎堅雄《かわさきけんお》氏など、多くの方にインタビューをして進めました。ちなみに竪山氏と川崎氏は、戦後は例外的に左翼に再転向せず、反共労働運動の指導者になっています。お二人の史料も、ご遺族にお願いして憲政資料室に寄贈していただきました。

インタビューした人では、羽生三七《はにゅうさんしち》氏（一九〇四〜八五）が印象に残っています。羽生氏からは、日本社会党の参議院議員だった昭和四十三年に、議員会館の食堂で翼賛運動や昭和研究会についてお話を伺っていました。それから十四年後の昭和五十七年十月に、再びお話を伺いに、広瀬順晧氏とともに、すでに政界を引退していた氏を長野県鼎町《かなえまち》（現飯田市《いいだ》）に訪ねました。羽生氏が中心となって活動した国民運動研究会は、実は昭和研究会の別働隊であり、これを真正面から研究しようと考えたからです。ちょうどこの年、朝日新聞社から羽生氏の聞き取りをまとめた『ある社会主義者――羽生三七の歩いた道』（石川真澄《いしかわますみ》著）という本が出ていましたが、その中で国民運動研究会は反戦団体であるかのように綺麗ごとで処理されていたのですが、その実態について、かなり突っ込んだ話を聞くことができました。

羽生氏の史料は、政策研究大学院大学時代に武田知己君と一緒に飯田に行って大学に搬送し、さらに憲政資料室に寄贈していただきました。

朝日カルチャーセンターでの講義

昭和五十年代には、朝日カルチャーセンターと二回関わりを持ちました。

最初は昭和五十（一九七五）年に始まった特別長期講座「語りつぐ昭和史―激動の半世紀―」で、企画それ自体に関わり、冒頭第一回に「昭和史の視点」という題で講義を行いました。講座は、のちに朝日新聞社の『語りつぐ昭和史―激動の半世紀』に収められます。

第一巻　伊藤隆「昭和史の視点」　高橋亀吉《たかはしかめきち》「昭和初期の日本経済」
荒畑寒村《あらはたかんそん》「私の見た昭和初期」　有竹修二「政党内閣とその終末」
武内文彬《たけうちあやよし》「満州事変」　片倉衷「暗殺とクーデター」
松本重治「日中戦争と和平の動き」

第二巻　和田日出吉《わだひできち》「二・二六事件前後」　片倉衷「満洲国の興亡」
神川彦松「天皇機関説」　横溝光暉《よこみぞみつてる》「五・一五、二・二六事件」

鍋山貞親《なべやまさだちか》「転向をめぐって」
岡田菊三郎《おかだきくさぶろう》「国家総動員法」
佐々木更三《ささきこうぞう》「人民戦線事件の頃」
伊藤武雄《いとうたけお》「満鉄」

第三巻

加瀬俊一《かせとしかず》「日米開戦前後」
賀屋興宣《かやおきのり》「戦時の財政」
細川護貞《ほそかわもりさだ》「元老・重臣の動き」
有末精三「三国同盟」
後藤隆之助「昭和研究会と近衛公の動き」
勝間田清一《かつまたせいいち》「企画院をめぐって」

第四巻

赤松貞雄《あかまつさだお》「東条論」
伊藤隆「新体制について」
上村伸一《かみむらしんいち》「終戦時の外交」
重藤文夫《しげとうふみお》「原爆被災」
藤山愛一郎《ふじやまあいいちろう》「戦時下の財界の動き」
大井篤「連合艦隊の功罪」
青地晨《あおちしん》「言論弾圧」

第五巻

岡部長章《おかべながあきら》「天皇のご決断」
織田幹雄《おだみきお》「昭和のスポーツ」
太田剛《おおたたけし》「公職追放」
加瀬俊一「ミズーリ号から占領へ」
保科善四郎《ほしなぜんしろう》「御前会議」
大和田啓気《おおわだけいき》「農地改革」
三文字正平《さんもんじしょうへい》「極東軍事裁判」

第六巻

佐藤功《さとういさお》「憲法改正」
森戸辰男《もりとたつお》「片山内閣のころ」
西村熊雄《にしむらくまお》「講和条約」
細谷松太《ほそやまつた》「二・一スト」
矢田喜美雄《やだきみお》「下山事件」
松下幸之助《まつしたこうのすけ》「経済復興から高度成長へ」

全六巻は昭和五十年から五十二年にかけて刊行、のちにより詳しい自伝が出た人の分などを省き、平成二（一九九〇）年に朝日文庫として復刊され、各巻に「解説」を書きました。もう一つは、昭和五十八年四月から六月にかけて、十回にわたって行った「昭和史をさぐる」と題した講義です。

当時まで公刊されたり、憲政資料室に収蔵されていた史料を、毎回いくつかコピーして配布し、それを素材に敗戦までの昭和史についてお話ししました。

講義内容は翌年、光村図書から『昭和史をさぐる』として出版され、平成四年には朝日文庫に入りました。「文庫版あとがき」には、「今ならさらに多くの新史料を使える状態になっており、いつかそれらをも使って、戦後史も含めて講義をしたい」と書いていますが、今なおその機会を得ません。なお平成二十六年には吉川弘文館から同名で復刊されましたが、こちらは分量の関係から一部を割愛してあります。

この講義の聴講者の一人に石丸《いしまる》志都夫《しずお》氏がいて、父の史料があると伝えてくれました。陸軍少将石丸志都磨《しずま》のことで、退役後に満洲国軍中将、満洲国侍従武官をも務め、若い時代には青年将校とも交流があった人物です。こちらも志都夫氏とその兄の武順氏にお願いして、残されていた史料を憲政資料室に寄贈していただきました。

第7章

戦前・戦中・戦後の連続性

戦中期の政治史研究

私はかねがね、戦前と戦後を統一的に結ぶには、まだ誰も手をつけていなかった戦中期の政治史を研究しなければならないと感じていました。そこで手がけたのが反翼賛会勢力の研究です。

大政翼賛会は発足前に、すべての政党が自発的に、あるいは心ならずも解散し、合流したわけですが、その中が一枚岩だったのではありません。昭和十六（一九四一）年四月の改組による「革新」派の敗退、十月の近衛文麿内閣総辞職と東條英機内閣の成立、十二月の真湾攻撃、十七年五月の翼賛政治会結成と推移する過程で、明確な反翼賛会勢力が生まれました。それらは実勢力は小さいながらも、東條内閣打倒運動を展開します。

その一つが、海軍大将小林躋造（一八七七〜一九六二）をかついだ運動です。親英米派と目されていた外交官の吉田茂《よしだしげる》を核に、真崎甚三郎を中心とする陸軍皇道派の一部、海軍の一部、さらに「革新」派から転向した近衛とその周辺の一部がまとまったもので、統制派＝赤（共産主義者）論・護憲論を理論的支柱としていました。

私はこのグループの綱領的な文書として、昭和二十年二月の近衛上奏文を積極的に評価した論文を発表しました。「近衛文麿と野坂参三」（『中央公論　歴史と人物』昭和五十年八月号）と、「小林躋造内閣運動をめぐって――戦中政治史の一側面」（『みすず』昭和五十一年十月号）です。

近衛上奏文は、近衛文麿が「革新」派に利用された自分の不明を恥じ、「革新」派は共産主義者（赤）であり、彼らこそが世界を共産主義化するために戦争をここまで引っ張ってきたと自己批判するものです。ほぼ同じ時期に、中国の延安《えんあん》で野坂参三が行った演説と対になって、戦後の反共統一戦線路線対民主人民統一戦線路線を見通したものと言うことができます。

なお小林の娘婿、新見政一《にいみまさいち》海軍中将の諒解を得て、小林の残した史料を野村實さんと共編の『海軍大将小林躋造覚書』に収録し、昭和五十六年に近代日本史料選書の一冊として刊行しました。

『真崎甚三郎日記』

近衛と組んだ皇道派軍人真崎甚三郎への関心が高まったのも、この過程においてでした。偶然真崎家を見つけた経緯はお話ししましたが、それからすでに十年の月日が経っていました。どうしても真崎の文書を利用したくなり、アメリカから帰国されていた息子さんの秀樹氏に手紙を書き、外務省の「真崎参与」と札のかかった部屋を訪ねました。秀樹氏は自分が目を通すまでは待ってほしいと言われましたが、その後も懲りずに何度も外務省を訪ねました。

昭和五十二（一九七七）年、山川出版社から『年報・近代日本研究』を出すことが決まり、その特集を「昭和期の軍部」とするので文書を利用させていただきたい、あるいは小林躋造内閣運動をめぐる部分だけでも見せていただきたい、とお願いしたところ、ついにご諒承を得ることができました。

世田谷の真崎家を訪ねると、せっかくだからと、甚三郎が生前に封印した戸棚を開けることになりました。目張りされた据付けの戸棚の中は、名前をよく聞き知った軍人、政治家、右翼などからの手紙や意見書の山。これとは別に保存されていた真崎の大量の日記もコピーが許され、早速チームを作ってお宅に通いました。文書の整理と日記の清書は、佐々木隆君、季武嘉也君、照沼康孝君、木村良行君で分担しました。

真崎が没して二十年余り、未亡人は九十歳近いお年でしたが、行くたびにお茶を入れてくださり、遅くなった時にはうどんの出前を取ってくださいました。生前そのままに残してあった甚三郎の居間に案内され、大きなこの火鉢に山のように炭火をおこさせて当たっていたのですよ」

「うちの主人は軍人のくせに寒がりで、大きなこの火鉢に山のように炭火をおこさせて当たっていたのですよ」

といったお話もしてくださいました。

真崎の日記は非常に面白いもので、東大の学部の演習で何度も取り上げました。これを利用して書いたのが、先にも述べた「昭和一七―二〇年の近衛―真崎グループ」(『年報・近代日本研究』1)で、真崎が、吉田茂とも、鳩山一郎をはじめとする同交会グループとも、近衛周辺とも接触を持ち、結果的には提携に至らなかった宇垣一成とも交渉を持っていたこと、さらには中野正剛のグループや石原莞爾《いしはらかんじ》グループとも接点を持って、次の機会を窺《うかが》っていたことなどを明らかにしました。

昭和五十六年には、山川出版社の近代日本史料選書の第一弾として、『真崎甚三郎日記』全六巻のうち第一巻を出しましたが、筆者が著名であるにもかかわらず、大きな反響はありませんでした。むしろ平成二(一九九〇)年に未亡人が亡くなり、秀樹氏のご諒解を得て、文書がすべて憲政資料室に寄贈されてから取り上げられることが多くなります。整理が済んで憲政資料室で公開が始まったのは平成三年の夏で、この時は新聞をはじめ、さまざまなメディアで報道されました。

『鳩山一郎・薫日記』

鳩山一郎（一八八三〜一九五九）をはじめとする同交会関係者に強い関心を持ちはじめたのも、戦中期の研究がきっかけです。

同交会は、東條内閣成立直後に、鳩山、尾崎行雄、芦田均《あしだひとし》、片山哲《かたやまてつ》らによって結成されました。実にその中には、戦後占領期の首相が三人も含まれています。母体は昭和十五（一九四〇）年二月に、斎藤隆夫《さいとうたかお》が、いわゆる「反軍演説」をして除名処分となった時に、除名に反対または棄権した議員たちです。翼賛議員同盟に対抗する小会派の中でも旗幟《きし》鮮明なグループで、十七年の衆議院議員選挙後には解散に追い込まれます。

同交会関係者の史料は、それぞれ問い合わせたのですが、はかばかしい成果を上げることができませんでした。ただ、安藤正純《あんどうまさずみ》関係文書はすでに憲政資料室に入っていましたし、芦田均日記は戦後の分だけですが、公刊されていました。

鳩山の史料については、共立女子大学理事長の石橋義夫《いしばしよしお》氏のご協力を得ることができました。石橋氏は昔、鳩山の秘書を務めていて、それを使って書いたのが、『自由主義者』鳩山一郎――その戦前・戦中・戦後」（『年報・近代日本研究』４）です。

この時提供された戦後の追放解除の訴願関係の史料の中に、戦前・戦中の日記抜粋があり、いつかこの日記を見たいと考えていました。それから十年後の平成四（一九九二）年、旧知のフーバー研究所の片岡鉄哉《かたおかてつや》氏が、一郎の孫にあたる由紀夫《ゆきお》氏と親しいことから紹介してもらい、鳩山一郎の長男で元外相威一郎《いいちろう》の夫人安子《やすこ》氏と由紀夫氏にご相談したところ、出版を承諾していただけたのです。

この日記の翻刻も数年がかりの作業となり、季武嘉也君、河野康子《こうのやすこ》さん、村瀬信一《むらせしんいち》君、酒田正敏君、百瀬孝氏、古川隆久君、山室建徳《やまむろけんとく》君の尽力により、平成十一年に『鳩山一郎・薫《かおる》日記』上巻として、中央公論新社から刊行することができました。

書名に「一郎・薫」とあるのは、鳩山一郎自身が書けなくなってからの日記は、薫夫人が鳩山の行動を記録したものだからです。この分を下巻とし、私の長文の解説を付して、平成十七年に刊行されました。

『斎藤隆夫日記』

斎藤隆夫（一八七〇〜一九四九）の史料との出会いは、昭和六十二（一九八七）年に中公文庫『回顧七十年』の解説を依頼されたことから始まります。

当時中公文庫は、政治家や外交官の回顧録の文庫化に力を入れていて、私も、石射猪太郎《いしいいたろう》『外交官の一生』、来栖三郎《くるすさぶろう》『泡沫《ほうまつ》の三十五年』、渡辺銕蔵《わたなべてつぞう》『自滅の闘い』など、いくつかの解説を書きました。これらが機縁となって、石射猪太郎関係文書と来栖三郎関係文書を憲政資料室に寄贈していただき、さらに『石射猪太郎日記』を坂田恭子さんに手伝ってもらって平成五（一九九三）年に中央公論社から刊行しました。

私が関わったものではありませんが、牧野伸顕《まきののぶあき》『回顧録』上下なども中公文庫に入っていて、のちに『牧野伸顕日記』をどの出版社から出すか決める際に、大久保利謙先生が中央公論社にしようとおっしゃったのも、この文庫があったからです。

斎藤隆夫については、以前からユニークな政治家の一人だと見ていましたが、左翼の連中が「反軍政治家」「平和主義者」と持ち上げていたこともあり、あまり気持ちの乗らない対象でした。しかし『回顧七十年』や、もっと若い頃に著し、明治四十（一九〇七）年に自費出版された『洋行之奇禍』、アメリカ留学の際の勉学と病気の体験を軸に、日米比較、宗教論、人生論を展開したものですが、これらを読んでいくと、他に例をみない個性を感じました。これは史料を集めようと思い、中央公論社を通じて、戦後は斎藤の秘書を務めていた息子の義道さんに連絡をとりました。

義道さんは日記の存在を明かしてくださいましたが、コピーを取らせてくれません。日記は他人のために書いたものではないから公開すべきではない、少なくとも関係者が生存しているうちは迷惑がかかる怖れがあるから駄目だと、斎藤隆夫もかくや、という頑固さでした。

そうはいっても政治家斎藤隆夫は公人であり、彼が何を考えていたか、その時代をどう見ていたかは、後世への貴重な証言です。数年かけて説得した結果、『中央公論』の平成二年十二月号、三年一月号に、昭和十四年から十五年にかけての「反軍演説」前後と、二十年八月から十二月にかけての日記を掲載することができました。

それでも日記全体の公刊は許していただけませんでした。毎年、年賀状に「そろそろいかがでしょうか」と書き続けましたが、ご返事をいただけない年もしばしばありました。

義道さんが「根負け」したのは平成十七年の正月でした。年賀状の返事に「私も年をとりましたので、後はお任せします」とあったので、早速義道さんを訪ね、日記を借り出しました。その一部を『中央公論』に掲載してから十五年が経っていました。

鹿島晶子さん、藤枝健治君、西藤要子さんの協力、桜田会の資金協力、そして編集者の吉田大作氏の尽力で、『斎藤隆夫日記』は平成二十一年に、中央公論新社から上下二巻で刊行されました。

その間の平成六年には、『斎藤隆夫政治論集』が新人物往来社から復刻されています。もともと昭和三十六年に斎藤隆夫先生顕彰会によって、斎藤の十三回忌の記念事業として刊行されたものです。

復刻を記念して斎藤の故郷、兵庫県出石町《いずしちょう》（現豊岡市《とよおか》）で開かれた式典に招かれ、「政治家斎藤隆夫について」という講演を行いました。もう一人の講演者は竹下登《たけしたのぼる》元首相で、竹下さんとの出会いが『佐藤栄作《さとうえいさく》日記』へとつながるのです。

実現しなかった「石井光次郎日記」

平成四（一九九二）年度から六年度にかけて、渡邉昭夫氏を代表者とした「戦後日本形成の基礎的研究」という大型の科学研究費の仲間に入れてもらっていました。河上民雄《かわかみたみお》、田崎末松《たざきすえまつ》、山本幸一《やまもとこういち》、和田一仁《わだかずひと》、長谷川峻《はせがわたかし》の諸氏のオーラル・ヒストリーをしたり、史料の収集をしていました。鳩山一郎の日記もその一環で、他にも山本勝市《やまもとかついち》日記、古沢磯次郎《ふるさわいそじろう》関係文書、酒井三郎《さかいさぶろう》日記などを集め、いずれも憲政資料室に寄贈していただきました。その中の重要なものの一つが、自民党副総裁石井光次郎《いしいみつじろう》（一八八九〜一九八一）の日記です。

石井光次郎の日記は、国策研究会の吉田弘氏、読売新聞調査研究本部の中野邦観氏の協力を得て、息子の石井公一郎《こういちろう》氏と娘でシャンソン歌手の石井好子《よしこ》さんのご厚意でコピーをさせてもらいました。

日記を読んでみると、戦前期は朝日新聞の経営幹部としての活動の詳細な記録であり、戦後は飛び飛びですが、追放解除後に自由党・自民党の領袖《りょうしゅう》として活躍した記録でした。どちらも貴重なものです。

鳩山一郎が脳溢血《のういっけつ》で倒れた日も鳩山邸で行われた相談会に出席していて、その時のことを記しています。また、まだ追放中の昭和二十六（一九五一）年二月六日には、講和問題の研究で日本に特使としてやってきたダレスとアリソン、ニューズウィーク日本支社長パケナムと、鳩山一郎、石橋湛山、石井が秘密に会談しており、その記録も含まれています。これについて『鳩山一郎・薫日記』には短い記述しかなく、『石橋湛山日記』もジャーナリストの岩淵辰雄《いわぶちたつお》が背後に関わっていた旨が記されているだけです。石井の日記はかなり詳しく、各人の生々しい発言が記録されていますので、この記録を含む戦後の記述を、『This is 読売』平成十年七月号に解説を付して紹介しました。読売新聞調査研究本部の間紘一氏、加藤孔昭氏に勧められたからです。

秘密会談の主題は、講和後の日本の防衛をどうするかということで、そうは言っていないのですが、いずれ日米安保につながる話です。実はダレスはこの前年にも来ており、その時には渡邉武、海原治《かいはらおさむ》両氏などとやはり極秘で会っています。これについては『渡邉武日記』に記載されていますし、後述する『海原治オーラル・ヒストリー』でも触れられています。どちらもその内容は似ています。

石井光次郎の日記は、翻刻出版するつもりでデータ化を進めていたのですが、実現に至りませんでした。最終的には原本を憲政資料室に寄贈していただきました。

この前後には、読売新聞調査研究本部や『This is 読売』編集部の人々との史料関係の接触が多く、『This is 読売』にはかなり頻繁に寄稿しています。それは読売新聞社が中央公論社を引き受け、雑誌が廃刊になるまで続きました。寄稿した論文には次のようなものがあります。

平成三年八月号「躍動する昭和　敬愛の念と客観的な眼—『真崎証言』の感動」：外務官僚で昭和天皇の通訳をしていた真崎秀樹氏の証言。

平成四年三月号「彼は果たして黒幕だったのか…『真崎大将遺書』」：真崎秀樹氏提供。

平成五年四月号「大正政治史の隠微な底流が明るみに」：渡辺克夫《わたなべかつお》氏「宮中某重大事件の全貌」へのコメント。

平成六年八月号「重要な大東亜戦争終結の構想」：須崎慎一《すざきしんいち》氏紹介の三笠宮《みかさのみや》「支那事変に対する日本人としての内省（幕僚用）」のコメント。

平成七年八月号「江戸英雄《えどひでお》氏が明かす三井財閥解体」：江戸英雄氏インタビュー。

平成九年十一月号「『満洲建国』裏面史の解明に光」：河本大作《こうもとだいさく》三女の清子さんから提供された河本宛書簡約四十通を契機に事件について書いたもの。

平成十年七月号「吉田と鳩山を取り持つ立場の機微―『石井光次郎日記』が語るもの」

平成十一年一月号「矢次工作が拓《ひら》いた国交交渉」：吉田弘氏提供の矢次文書の紹介。

「革新」派の流れ

「革新」派の流れは、大政翼賛会の成立および改組によって消えてしまったわけではありません。戦後の政党結成に彼らが絡んでいたことからもわかります。「革新」派の消長は、昭和四十年代初頭の社会党の衰退にまで及んでいるというのが私の見立てです。

戦前、戦後の連続性は、既成政党と官僚制についてはよく目で見てわかります。産業報国会と戦後労働組合の関係は、たとえば、後述する全逓中央執行委員長だった宝樹文彦さんのインタビューでも、ずいぶん出てきました。GHQが労働組合を大いに奨励した、けれど組合の経験者がいない、そこで産業報国会の経験者が引っ張りだされたという具合です。

経済総動員体制と戦後経済体制との関係は、企画院と戦後の経済安定本部の人的つながりをみるとわかりやすい。大来佐武郎《おおきたさぶろう》さん、和田博雄《わだひろお》さん、勝間田清一さんと、面白い例がたくさんあります。戦中から戦後のある時期まで、統制経済はかなり継続されました。計画造船にしても傾斜生産方式にしても、やはりある種の統制経済と言えます。「戦後体制からの脱却」を旗印に、小泉純一郎《こいずみじゅんいちろう》内閣がいろいろな規制緩和をしましたが、そう考えると五十年以上も影響力を保ち続けたことになります。

農政においても、小農政策、自作農創設などは、現在の日本農業の停滞にはっきりつながっていると言えます。

さらに、戦中期の教育改革問題と戦後教育改革もつながっている。戦後の教育改革を主導した海後宗臣《かいごときおみ》は、昭和研究会の教育改革同志会のメンバーで、そのとき六三制はすでに考えられていたのです。

司馬遼太郎氏との幻の対談

戦前・戦中・戦後の連続性というと思い出されるのが、昭和六十一(一九八六)年に『中央公論』で行い、そのままお蔵入りになってしまった司馬遼太郎《しばりょうたろう》さんとの対談です。当時、全集『日本の近代』をやろうという話があり、編集委員も、私と政治学の矢野暢《やのとおる》さん、比較文学の芳賀徹《はがとおる》さんの三人に決まっていました。芳賀さんは変わらずお元気ですが、矢野さんはあれからいろいろなことがあった後に、亡くなられました。

三人のなかで私だけが司馬さんと面識がなかったので、中央公論社の社長嶋中鵬二《しまなかほうじ》さんが、紹介かたがた対談をやろうと発案したのです。

私は司馬さんの愛読者ではないけれど、『坂の上の雲』は面白いと思っていました。その日も「雲を求めて、坂を上ってきた日本は、その歴史をどう見通すことができるか」という話ができればと考えていました。

ところが司馬さんが、

「結局、雲はなかった。バルチック艦隊の最後の軍艦が沈んだ時から日本は悪くなった」

「日露戦争までの日本史は理解できるが、昭和に入ってから二十年間の歴史は他の時代とはまったく違い、断絶している、非連続だ」

と言うに及んで、反論のスイッチが入りました。

坂を上っていって、雲をつかめたかどうかはわからないけれど、かつて夢にまで見た、西欧的な産業国家になったのは事実です。司馬さんのような見方は、西欧コンプレックスそのものだし、東京裁判の図式と変わらないではないか、といつもの調子で言い募ってしまったのです。

二、三日して嶋中さんが、

「非常に面白い対談になったけれど、司馬さんは我が社にとって貴重な財産です。司馬さんは大変なショックを受けてしまいましたから、雑誌に載せるのはやめにしましょう。『日本の近代』の企画もしばらく凍結しましょう」

と言ってきて、司馬さんとはそれきりになりました。

司馬さんが亡くなったのは十年後の平成八（一九九六）年です。ほどなく嶋中さんが、『日本の近代』再開です」と宣言して、再スタートとなりました。

編集委員は、私の他は、北岡伸一君と御厨貴君、大阪大学教授だった猪木武徳《いのきたけのり》さんに入れ替わり、平成十年から全十六巻の刊行が始まりました。この全集は、平林孝君との最後の仕事でもあります。

勝間田清一氏と和田耕作氏

新体制運動の研究では企画院出身者にも話を聞きましたが、連続性という意味で特に印象深いのは、勝間田清一さん（一九〇八〜八九）と和田耕作《わだこうさく》さん（一九〇七〜二〇〇六）です。

勝間田清一さんは、戦前は企画院官僚、戦後は社会党代議士で、昭和四十二（一九六七）年から翌年にかけて社会党委員長を務め、六十年当時は、衆議院副議長に選出されていました。

インタビューのきっかけは、日本経済新聞の「私の履歴書」に吉田茂からもらった手紙が紹介されていたことです。その頃、憲政記念館で吉田茂の展示をしようと資料収集を進めていたので、貸出依頼を口実に、憲政記念館の渡辺行男さんと一緒に勝間田氏を衆議院副議長室に訪問しました。

勝間田さんは、企画院事件で検挙された当時、大政翼賛会組織部の九州班長だったので、しきりに「大政翼賛会は反戦団体です」などと言っていましたが、冗談じゃないね、と思いながら聞いていました。次いで「それは結構です。それで企画院ではどのようなお仕事をされていましたか。統制経済についてお話しください」と話を向けると、氏が担当されていた肥料の統制について細かく教えてくださいました。残念なことにこのインタビューは録音に失敗してしまったのですが。

和田耕作さんには、ずいぶん長くお付き合いいただき、ホスピスまで行ってインタビューをしました。亡くなる数日前に「ありがとう。これでもうこの世、おさらば」という手紙をくださいました。その少し前には、かなり大量の史料を憲政資料室にいただきました。

戦前・戦中・戦後の連続性を考えた場合、和田さんはとても興味深い存在です。

戦前初期は共産党、戦中期は革新官僚、戦後は民社党。企画院事件で捕まって転向はしたけれど、世界は将来やはり共産主義になる、とずっと思い続けていたそうです。

満洲で終戦を迎え、進駐してきたソ連と交渉などをするうちに、もう一度共産党に入ってもいいとさえ思った。しかし、ある日突然、シベリアへ連れていかれ、五年間の抑留生活でその現実を見ることになります。

「やっぱり共産主義はだめだ。とてもじゃないがこんな社会を作ったら大変なことになる」

そこで初めて本当の意味で転向したというのです。

戦後は一貫して民主社会主義の立場、反共を貫きました。

共産主義研究その後

昭和五十五（一九八〇）年に、日本共産党元幹部の伊藤律《いとうりつ》氏（一九一三〜八九）が約三十年ぶりに中国で生きていることが確認され、帰国するという騒ぎがありました。

新聞や雑誌などでも大きく報道され、私もずいぶん取材されました。かつて伊藤氏を取り調べた元特高の宮下弘《みやしたひろし》氏へのインタビューを中村智子《なかむらともこ》氏と一緒に行い、それをもとに『特高の回想』（昭和五十三年）という本を刊行していたからです。

雑誌『文藝春秋』十月号では、「伊藤律の〝爆弾〟」というタイトルで座談会が組まれ、私も出席しました。立花隆氏を司会に、元党員ら数人との座談会でしたが、議論はいまひとつ嚙《か》み合わず、記事を見るとわかる通り、私はほとんど発言していません。この時の報道の盛り上がりには、私の関心や問題点とは「ずれ」があるように感じました。

そこで『中央公論』の十一月号に、その「ずれ」も含めて書いたのが「伊藤律氏の何が

『問題』なのか」です。マスコミが「伊藤律問題」としていた「特高スパイ説」や「GHQとの関係」が、本来の「伊藤律問題」ではないからです。

伊藤律氏の問題とされていることは、実は当時の国際共産主義、それも絶対の権威と権力をもっていたスターリンと、それにどの程度にか毛沢東《もうたくとう》の世界戦略にかかわる問題といえるであろう。日本共産党自体がそうした国際共産主義の世界戦略の中に位置づけられた一つの駒でしかなく、スターリンをめぐる権力関係の変化の波間にただよっていた存在とするならば、その中の伊藤氏がどれほどの主体といえるのであろうか。

当時、日本はすでに高度成長期を過ぎ、世界第二位の経済大国、東京は世界で最も活気のある都市となっていました。「革命」は遠くなり、「革新」も影が薄くなっていたのです。次に「革新」「共産主義」について、まとまったかたちで書いたのは、平成十三（二〇〇一）年に刊行された「日本の近代」第十六巻『日本の内と外』でした。

『日本の内と外』は二部構成になっています。第一部では、開国後に明治維新が目的とした独立の保持、条約の改正、列強と並ぶ地位の確立が一応達成する第一次世界大戦までについて、使節団やお雇い外国人といった人間同士の交流の観点から見ました。第二部は、ロシア革命とコミンテルンの誕生、日本に共産党が生まれてからの動きと転向、新体制との関わり、戦後の日本共産党の隆盛と衰退、シベリア抑留問題、そしてソ連の消滅までを描きました。

日本の近代というものは、日本だけに閉じていたわけではありません。「世界」と伍《ご》していくために道を切り拓く必要があり、逆に「世界」から大きな影響を受けざるを得なかったことも多いのです。第二部では、「革新」「共産主義」というものが日本に及ぼした影響について、総決算のつもりで書きました。

すでに平成三年のソ連解体によって、ロシア革命に始まった世紀の大実験「共産主義」は失敗に終わったことが明らかになっていました。日本共産党も平成十二年には、党大会で規約前文を改定し、「前衛政党」「社会主義革命」という文字を削除しています。それがこの本の末尾であり、締め括《くく》りになりました。

第8章　茨城県議会史と東大百年史

『茨城県議会史戦後編』

仕事のなかには、自分でやりたいと思って始めたのではない仕事もあります。でも不思議なもので、やっているうちに面白くなってくる。これから述べる『茨城県議会史』も、『東京大学百年史』もそうでした。まずは、『茨城県議会史』からお話ししましょう。

昭和四十七（一九七二）年のことですから、まだ東大社研時代になります。内政史研究会を主宰しておられた法学部の辻清明先生から、手伝ってくれないかと誘われたのが発端で、その年の九月に開かれた第一回の専門委員会から参加しています。

当時の茨城県議会議長の下条正雄《しもじょうまさお》氏が編纂委員長、専門委員は辻さんの他、國學院大學教授で地方自治が専門の高木鉦作、埼玉大学教授で行政史の三沢潤生《みさわしげお》、のちの茨城大学教授で歴史学の雨宮昭一、福地誠《ふくちまこと》の諸氏、嘱託として森田美比《もりたよしちか》氏がいて、森田氏とは長く親しい付き合いになりました。

私から関係者に積極的に聞き取りをしようと提案し、十一月から以後、ひと月に一回のペースで県会議員・元県会議員、議会事務局に長く勤務した方などのインタビューをしました。

元県議のなかには、その後国会議員になった人も少なからずいて、自民党代議士になっていた梶山静六《かじやませいろく》氏や、当時落選中だった赤城宗徳《あかぎむねのり》氏にも聞き取りを行いました。お二人とも興味深い話をしてくださいました。

いろいろな党の議員の話を聞きましたが、やはり自民党系の議員の話が圧倒的に面白かった。社会党議員の率直さも印象的で、先行きのなさをあまりにも正直に話すのには驚かされました。共産党と公明党は口が固くて、内容が紋切り型。それでも、共産党の人は、意地悪く聞いていくとボロを出す。

「あなたは選挙区を替わっていますが、なぜですか」

「それは自分の出身地だからだ。そうしたら票が増えましてね」

「やはり地元は違いますか。親戚もいっぱいいるでしょうからね」

「そりゃあ親戚だらけですよ。今まで知らなかった人も親戚なんですから」

「そうですか。だから当選できたんですね。共産主義に票が入ったわけではないんですね」

「そういうもんですよ（笑）」

こんな調子ですが、公明党の議員にはそれもない。

三年目に入ってからは、県議会関係のインタビューとは別に、大政翼賛運動の草の根の動きへの興味から、森田氏と一緒に社会運動関係者へのインタビューも始めました。聞き取りの相手のなかには中野正剛の率いる東方会の幹部だった雨谷菊夫氏や、大日本青年党幹部だった後藤謹一氏もいました。

茨城県側の事務局に中崎さんという人がいて、財政的な面も含めて、いろいろと便宜を図ってくれました。中根真弓《なかねまゆみ》さんという、とても速記を起こすのが上手な非常勤の女性もいました。会議の後はいつも、森田さんと中崎さん、中根さんと居酒屋へ飲みに行くのも楽しみでした。しかし事務局側の好意、特に財政的な好意はあとで問題になります。

昭和五十一年に入ると県議会史の執筆が軌道に乗ってきましたが、まず中崎さんが異動になります。

翌五十二年に森田氏と共同研究のかたちで、「大正中期～昭和三〇年の反既成政党勢力――茨城県の場合」を『社会科学研究』に発表すると、それを見た県議会事務局の課長が、わざわざ抗議のために大学を訪ねてきました。「県費でやった調査を、議会史公刊以前に発表するのは不当だ」というわけで、このゴタゴタは森田さんの嘱託辞任に発展します。『茨城県議会史戦後編』は五十四年三月にやっと刊行されましたが、後味の悪いことになりました。結局根っこにあるのは役人の妬《ねた》みとか、そういうことなのです。

森田さんとの関係はその後も良好で、『日本歴史』への執筆を勧め、実際に五十八年から毎年一本、論文が『日本歴史』に掲載されました。

茨城県を舞台とする社会運動史は、森田さんの分の執筆はほぼ終わり、あとは私が補筆して出版に持っていくだけですが、そのままになっていて、亡くなられた森田さんにも申し訳なく、慙愧《ざんき》に堪えないとしか言いようがありません。

この後も、県史や県議会史の仕事をいくつか引き受けました。『秋田県史』や『岐阜県史』など、ずいぶんいろいろなところへ行って仕事をして、それなりに面白い史料も見つけましたし、それなりに疲れることもあった、というところでしょうか。

市村一衛さんと「耳の会」

茨城といえば、「耳の会」の話をしなければなりません。

これは県議会史ではなく、社会運動のほうのインタビューで、三里塚《さんりづか》闘争などにも関わった農民運動家、常東農民組合の山口武秀《やまぐちたけひで》（一九一五〜九二）について話を聞こうと、鉾田町《ほこたまち》（現鉾田市）に住む市村一衛《いちむらいちえ》というお爺さんのところに行ったのがきっかけです。昭和五十一（一九七六）年のことでした。

山口武秀が清水の次郎長《じろちょう》親分だとすると、市村さんは大政《おおまさ》。山口という親分がいれば運動家だけれど、いなくなってしまえば腕力しか残らない。常東農民組合も、山口を親分とした一種の「やくざ」組織で、組合が崩壊した後は本当にやくざになって、強盗殺人でつかまった者までいるという有様でした。

市村さんの話は、不思議に新左翼的なのですが、現在進行形で鹿島《かしま》開発や百里《ひゃくり》基地問題に介入しているらしく、聞いているうちに右翼なんだか何なんだかわからなくなってくる。非常に面白かったのですが、しばらくは年賀状のやりとりくらいしかありませんでした。

昭和61年の学部ゼミ合宿。立て膝にサングラス姿の男性が市村一衛氏、その右後ろが古川隆久氏。その右横は徳川冬子氏

昭和六十年のことです。突然、市村さんから電話が入ります。

「自分のところで県下の青年が集まって講義を聞く会をしているから、伊藤さんも話をしてくれ」

会の名が「耳の会」、要するに人の話を聞く会なのだと。私は言いました。

「僕はあなたの新左翼とは敵対的な、あなたに言わせれば右翼だが、それでもいいのか」

「いいんだよ。何でも話を聞くんだから」

そんなことで出掛けていって、何年か続けて講義をしました。

最初の題は忘れましたが、だいたい自分のその時やっている仕事のことで、重光葵や海軍の高木惣吉《たかぎそうきち》、戦争をどう評価するか、というような感じです。集まった青年の中には三島由紀夫の楯の会の元メンバーがいたりして、遅くまで囲炉裏を囲んで話をしました。

二年目には、東大の学部ゼミの旅行先をこの市村さんの所にして、皆で行きました。これは後々まで語り継がれる学部ゼミ合宿となりました。

古川隆久君や村瀬信一君といったゼミ生だけでなく、留学生の劉傑《りゅうけつ》君、近世専攻の徳川《とくがわ》冬子《ふゆこ》さんやら法学部の城山英明、赤沢公省君らが一緒です。学生たちは市村氏の新左翼理論に翻弄《ほんろう》されたのち、寝ようとして家の脇の空手道場に行くと、壁に貼られたポスターや色紙に、笹川良一をはじめとする右翼の名前がずらりと並んでいるのに驚く。朝になると黒塗りの車が次々と乗りつけてきて、それが県庁の役人だったり、パンチパーマの人物だったり、そもそも市村氏のベンツは鹿島に進出した企業から提供されたものだと言うのです。

いつだったか「耳の会」の講義の中で、「男ばっかりの集団は伸びない。女性が来るようじゃなきゃ」と話したことがありました。数年経ってまた行ったら、女性の比率が三分の一にまで増えていてびっくりしました。なんでも彼がやっている料理教室の女性をリクルートしたのだそうです。

こういうお付き合いの中で、会員の人たちと仲良くなり、農村の実情を知ったり、かつて左翼だったり右翼だったりした人々が、その後何をどう考えているかを知る機会にもなりました。実に楽しかった。市村さんはやっぱり異能の人で、こういう人が死んでしまうと、会も自然となくなってしまいました。

『東京大学百年史』

『東京大学百年史』の仕事に私が関わったのは昭和五十（一九七五）年からです。
またしても井上光貞先生で、中世史の笠原一男《かさはらかずお》さん（一九一六〜二〇〇六）が委員長になるから「やれ」と言われて、「はい」と始めたものです。総長林健太郎《はやしけんたろう》名で、東京大学百年史編集委員会委員を委嘱され、同時に東京大学百年史編集室員（専門委員）も委嘱されました。

東大創立百年は昭和五十二年にあたりますから、この年をめざして作られるはずのものでしたが、例の大学紛争以来、作業が中断していたのです。

編集室は安田講堂の時計台の上のほうの一角にあって、室長の笠原さん以下、古代東洋史の護雅夫《もりまさお》さん、建築史の稲垣栄三《いながきえいぞう》さん、すでに退官されていた教育史の仲新《なかあらた》さんと、ここまでが目上の方々。そして私以下、益田宗《ますだたかし》さん、酒井豊《さかいゆたか》、加藤瑛子《かとうえいこ》、三谷博、弥永千代子《いやながちよこ》という面々が集められました。

すでに前年から作業は始められていて、通史二巻、部局史四巻、資料編二巻という構成や、時期区分なども決められていたのですが、時期区分については、昭和二十年ではなく、二十四年前後の新制度への移行をもって区切るよう私が主張し、議論の末におおむねそうすることに決定されました。

ただ、まだ依然として新左翼の連中は百年記念事業の粉砕を叫んでいて、『百年史』の編纂もその攻撃対象となっていました。立て看板にはいろいろと書かれ、笠原さんは講義中にも攻撃されて編集室にあまり顔を見せなくなる。「これは笠原さんが委員長であるかぎり、進まないね」と若い連中同士で話していましたが、進まないながらも、自分たちで勝手に史料を集めたり、インタビューをやったりしていました。

そのうち、仲さんと三谷君、弥永さんの折り合いが悪化して、仲さんが辞表を出し、三谷君も辞めてしまいました。三谷君の代わりに私は、宮崎《みやざき》（梅澤《うめざわ》）ふみ子さんと狐塚《きつねづか》（鈴木《すずき》）裕子《ゆうこ》さんを推薦し、さらに季武嘉也君や照沼康孝君にも加わってもらいました。その少し前には、教育学の寺崎昌男《てらさきまさお》さんが室員に加わり、同じように自分の弟子たちを連れてきました。

五十一年の年度末になって、笠原さんが定年で室長を辞めることになり、日本古代史の土《つち》田直鎮《だなおしげ》さん（一九二四〜九三）が新たに室長となりました。この人選については井上先生から相談を受け、土田さんが最適任であると意見が一致したのです。土田さんが室長になり、ようやく百年史が実現する確信を持つことができました。そうはいっても、五十二年四月十二日に催された創立百年記念式典は、新左翼の連中による「反百年運動」の格好の対象となり、文学部の学部長室が占拠されたのですが。

確信を持てた理由の一つは、『百年史』の編纂が、大久保利謙先生がほぼお一人で執筆された『五十年史』と違って、若い研究者を集めて分担執筆し、それをまとめていく方式をとっていたことです。しかもそのメンバーが揃ってある程度訓練され、しかも彼らを含めた編集室が良い雰囲気でした。チームを作って一つの仕事をする場合、何と言っても大切なのは、目的に向かって皆の気持ちが一致することだからです。

土田さんは強い信念をもって事に当たる方ですが、同時に、とことんお酒を飲まれる方でもありました。

昭和五十五年の冬、土田さんを先頭に一同で京都に出張した時のことです。同志社の社史史料編集所や陽明文庫に行き、夕方からおでん屋でずいぶん飲み、それから宿舎に戻ったのですが、帰り道に土田さんは酒屋に寄って、オールドパーを一本仕入れたのです。

宿舎の部屋で皆でこれを飲みながら、土田さんの話を聞きました。戦時下に、まことに稀《け》有《う》なる体験をされていて、それは東大十八史会の『学徒出陣の記録』（中公新書）に「海没」というタイトルで収められてもいます。いい話です。そしてオールドパーが空になる頃には、一同かなり酩酊《めいてい》状態だったのですが、土田さんは「まだあるぞ」と言って、列車で売っているお茶のプラスチックの入れ物、最近は見なくなりましたが、それに詰めてきたウイスキーを持ち出します。逃げ腰だった私たちが、何とかこれを空にして、ようやくお開きとなったのは深夜二時頃でした。

私は土田さんと一緒の部屋でしたが、深く酔っ払っていた土田さんは、それでも寝る前に一つ相談をと、茅誠司元総長に書いてもらった『東京大学百年史』の本の背文字について話をされました。話が終わった直後、土田さんが轟々《ごうごう》たる鼾《いびき》とともに沈没したのも忘れられません。

歴代の東大総長の史料

『百年史』の実現に確信を持てたもう一つの理由は、相当程度の史料を集めることができたからです。この時の史料集めはなかなか面白かった。

東京大学初代綜理《そうり》で、帝国大学第二代総長の加藤弘之《かとうひろゆき》の関係文書をいただいたのは、笠原委員長時代で『百年史』の実現が危ぶまれていた頃でした。大久保先生が加藤家と交渉してくださり、一緒に飯田橋《いいだばし》あたりにあった加藤家まで引き取りに行ったのです。私が大久保先生を年寄り扱いして、実際、すごい年寄りだと思っていたのですが、飯田橋の駅で、

「先生、タクシーで行きましょうか」と声をかけると、

「馬鹿を言え。歩いて行く」と言われました。

先日、別件で昔のものを読んでいたら、この時のことを、「先生は七十八歳にもなるのに、年に似合わず元気だ」なんて書いていました。私はもう、その年齢を過ぎてしまいましたが、たしかに元気に歩いています。

戦中の総長で、「軍艦総長」の異名のある平賀《ひらが》譲《ゆずる》の関係文書を見せていただこうと、弥永

さんと下北沢《しもきたざわ》のご遺族の家へ伺った時のことも印象に残っています。史料のほとんどが軍艦の設計図だったからです。正直なところ困ったなあと思ったのですが、貴重な史料であることは間違いなく、のちに工学部に収められました。内藤初穂《ないとうはつほ》さんの『軍艦総長・平賀譲』も、この史料を使っておられます。

何と言っても面白く、役にも立ったのは、終戦時の総長内田祥三《うちだよしかず》の史料です。建築の大家で、東大の安田講堂も彼の設計ですし、同潤会《どうじゅんかい》アパートもそうです。息子の祥哉《よしちか》さんも東大で建築を教えていて、その方の家へ行くと、建物が東大と同じ赤煉瓦《れんが》造りだったのですが、奥様が、「これは出来が悪くて、雨漏りするから今はもう使っていないのです。後ろに日本家屋を建てて住んでいるのですよ」とおっしゃるのがおかしかった。残っていた史料にもいろいろありましたが、なかでも大学の評議会の記録は驚くべきものでした。

戦時期を中心とした東大所蔵の史料は、大学紛争の過程で失われていて大きな痛手だったのですが、ちょうどその期間に、評議員、学部長、総長を務めた内田祥三の文書は、その欠を補って余りあります。評議会の議事録なども、詳細なものではなく、「何々の件、可決」としか書いておらず、「人事の件、可決」とあっても誰の人事を決めたのかわからないのですが、内田さんの史料の中には評議会の議題が書いてあるものがあり、それには誰が何を話したか、事細かに記してある。内田本人の話したことまで書いてあって、自分で話しながら書くのだろうか、と本当に不思議でした。これは『百年史』の執筆でもずいぶん使いました。

大学が持っていた史料も結構面白いものがあります。

こういう仕事をやって初めて知ったのですが、明治時代は各組織が、必ず毎年、『年報』なるものを出しています。報告書です。それが残っていました。東大の場合なら、学部長には各教授、助教授から、本年度はこういう講義を行いました、こういう研究を行いました、と報告し、それを今度は学部長が要約して総長に上げる。総長はまた要約して文部大臣に提出する、という仕組みです。

文部省だけではありません。全官庁で行われていて、明治期には『内務省年報・報告書』なども出版されています。これを見るとわかるように内務省の各局の年報が合冊されているのです。のちに『岐阜県史』に関わった時、県の『年報』を全国から集めました。岐阜県庁は戦争で焼けてしまったので、自分のところに史料が残っていない、でも『年報』なら全国都道府県に送っているわけで、かえって他の都道府県が持っている。面白いことに、東大も含め、『年報』は年々粗末なものになっていき、そして最後は統計年報になってしまうのです。

平泉澄氏インタビュー

インタビューもいろいろやりましたが、ここで一つだけ挙げるとすれば、昭和五十三（一九七八）年に行った平泉澄《ひらいずみきよし》氏（一八九五〜一九八四）のインタビューです。

ご存じの通り平泉氏は、一般的には「皇国史観」の代表的論者として知られる中世史の専門家で、国史研究室の先輩です。この時は、昭和十年代の東京帝国大学の状況の一端を聞くこと、たとえば日本思想史講座がどのように始められたかとか、学生団体「朱光会《しゅこうかい》」の会長としてどのようなことをしたかといったことを聞こうと手紙を出しました。平泉氏から承諾の旨の返事があり、彼が神官を務める福井県勝山《かつやま》市平泉《へいせん》寺町《じちょう》の白山《はくさん》神社へ、酒井君、狐塚さん、照沼君とともに向かいました。十一月下旬のことです。

平泉澄氏にインタビューする著者

平泉氏は、とにかく権威主義で閉口しました。照沼君が『東京大学史紀要』第六号（昭和六十二年三月）に、その時のことを書いているので少し引用しましょう。

（白山神社の）緩かな石段を登っていくと鳥居が立っている。そして、電話連絡してあったためであろうが、意外にも平泉氏は鳥居の下で我々を待っていた。挨拶の後、氏は境内を案内しながら、その維持の困難さを語った。その間、肌寒さを感じた我々がコートのポケットに手を入れると、ポケットに手を入れるものではないと凜《りん》として言われた。

社務所を兼ねた自宅の一室に招き入れられ、その後約二時間ずつ四回話を伺った。（中略）

まず正座である。私は当時足首を少々痛めていたこともあり、最初の二時間はなんとか耐えたものの、終了後立ち上がることが非常に困難な状態となり、その後は怪我《けが》を理由に足をくずすことを許された。他の三人は最後までなんとか持ちこたえていた。それにしても火の気もない部屋で正座してのインタヴュー、ポケットの一件とともに、最初からかなり緊張を強いられるものであった。

平泉氏は昭和五（一九三〇）年、助教授の時にヨーロッパに在外研究に行きますが、二年後、彼の地で世界情勢風雲急なりと、途中で切り上げて帰国する。そして、昭和天皇へのご進講を機に時代の寵児《ちょうじ》のような存在になります。その時の話を「これから私が日本を指導した時代についてお話しします」と始めたのには、さすがにちょっと鼻白みました。

『東京大学史紀要』には、この時の速記録がありますが、これを見るとそれほどでもない。

〔私は〕実質上、日本の指導的な地位に立ち得たんです。（中略）日本中そのときはどうしていいかわからなかったわけです。政治、軍事、教育、学問、どういう方向にいったい日本は向かうべきであるのか、だれも見当がつかない。それをこうだということを、私が確信を持って断定し得る力は、ドイツ、フランスで養われたし、そしてそれを言い得る地位は実は陛下によって与えられた。

昭和九年に陸軍士官学校で講義をした時の話では、壇上で「陸軍よ、この刀のごとくにあれ」とすらりと日本刀を抜いた、と言う。その日本刀を、あらかじめ夫人に用意させておいて、実際に私たちの前で抜いてみせる。私なんかはすっかりあきれてしまったのですが、若い酒井君などは面白がって、「先生、ちょっとそのまま」とか言って、写真を撮る。平泉氏もポーズをとる。なんだか信じられない光景でした。

二日間の「お話」が終わってお茶になった時、夫人が話してくれました。

「うちの主人は血圧が高いのに、テレビのプロレスが好きで困ります」

「プロレスのどこがお好きなんですか」と、平泉氏に尋ねました。

「それはね、隠忍に隠忍を重ねて、最後にパッと相手を倒す。これは日本精神に通じる」

大真面目に言うものだから、苦笑いせざるを得ませんでした。平泉澄というと、神様のように言う人もあるくらいですが、その稚気には驚かされました。

『百年史』作成の手法

史料やインタビューだけで『百年史』ができるわけではありません。その頃には室員も十数人になっていて、彼らに執筆してもらわなければならない。みんなで議論して目次を作り、それをずらっと並べて壁に貼りました。この作業に入ったのが昭和五十三（一九七八）年頃です。

「書きたいところを言え」と言うと「僕はここを書きます」、「私はここ」という具合に、順次分担が埋まっていく。書きはじめると、項を二つに分けたほうがいいとか、二つの項を一つにしたほうがいいとか、この項は別の章に移したほうがいいとか、史料が足りな過ぎるとか、事実の確認や評価について、疑問が生じてくるとか、いろいろな問題が生じる。それは仕方ないから、ともかく「完成原稿じゃなくてもいい。仮原稿でいいから、何でも提出しろ」と言って集めていくのです。

会議の時には、提出順に原稿に通し番号を付け、「〇〇さんから仮原稿が出ました。これは第〇番です。拍手」とやる。すると、だんだんみんな本気になっていって原稿も増え、『百年史』のかたちが決まっていく。いろんな人が書くから原稿には精粗がある。なかには、個性的すぎる原稿も少なくなかったのですが、中野《なかの》実《みのる》君と照沼君がかなり精力的にまとめ、校訂してくれました。

昭和五十八年に入ると、室長の土田さんが国立歴史民俗博物館の館長に就任されることになりました。三月に一般公開のところ、直前の二月に館長の井上光貞先生が亡くなり、その後任となったのです。そこで、寺崎君が委員長・室長となり、私と益田君、稲垣さんが副委員長になりましたが、すでに基本的な部分は出来上がっていました。

ようやく『東京大学百年史・通史一』と『東京大学百年史・資料一』が刊行されたのは、昭和五十九年の三月で、通史三巻、資料三巻、部局史四巻のすべてが完了したのは六十二年の三月でした。ここまで十年以上。この仕事が終わったらどんなに感激するだろうかと思っていたのですが、予想していたような感激がなかったのは、なんとも不思議でした。

気にかかるのは、集めた史料のことです。東大関係者の個人文書のみならず、各方面から寄贈された各種史料、自分たちで公文書館などからコピーで収集した史料もあります。『五十年史』編纂時の史料保存が必ずしも完全ではなかったことに鑑《かんが》み、また図書館にしまいこんでしまうと、誰も使えない状態になりかねない。そんなことをしたら、日本の近代に重要な役割を果たした東大と、それを中心とする高等教育史の研究者、延《ひ》いては広く文化史の研究者から非難されます。

『百年史』が刊行されはじめれば、当然編集室の人員は削減され、活動の中心は専門委員会に移りますので、寺崎室長と相談し、編纂終了後にアーカイブスを設立しようと考えました。

昭和六十一年十月に、東京大学史料保存に関する委員会が発足し、同時に大講堂五階の旧百年史編集室に東京大学史史料室が設置されました。室長は寺崎昌男さんです。もっともこれは学内措置であり、正式に大学の組織として認められるまでには、かなりの年数が必要となりました。

その後、東京大学史史料室は改組拡大されたのち、平成二十六年四月に東京大学文書館として設置されています。

第9章　明治の元勲から岸・佐藤まで

『伊藤博文関係文書』と古物商

『伊藤博文関係文書』を手がけるきっかけを作ったのは鳥海靖君です。ずいぶん遡って、私が東大社研の助手の時代に、教養学部の人文の助手だった鳥海君が、教養学部の図書館の古い書庫の中に旧海軍の図書があって、その中に『伊藤家文書』がかなりある、と言ってきたのです。

『伊藤家文書』とは、戦前に『伊藤博文伝』(春畝《しゅんぽ》公追頌会《こうついしょうかい》編、昭和十五年)を編纂するためにタイプ印刷で作られた本で、憲政資料室には全九十一巻が全部揃っていましたが、他にはほとんどなく、容易に見ることのできないものでした。しかも伊藤博文宛の書簡を人別に配列してあるだけで、年代の推定もされておらず、研究には使いにくかったのです。

すでに日本近代史料研究会が発足していて、アジア財団からの資金があったので、鳥海君と教養学部の図書館を捜し回り、あるだけの『伊藤家文書』を借り出してきて仕事を始めました。どういったメンバーで仕事をしたのか、今となっては記憶にありませんが、かなりの人数で分担して、リストを作り、年代推定を行いました。

この作業がかなり進んだ頃、塙書房の吉田嘉次氏が訪ねてきて、これからは近代史の本も作っていきたいと言う。ところが当時の塙書房は、行ってみると本郷一丁目の交差点近くのかなり古い民家で、果たしてこんな大きな企画が実現できるのだろうか、と心配になるような会社でした。鳥海、坂野潤治、酒田正敏、私の四人は、塙書房のがたがたと音のする階段を上ったところにあった部屋で、吉田氏と相談して企画を練り、全十巻を毎年一冊ずつ出していくことを決めました。幸い、文部省の刊行助成金をもらうこともできました。

始めてみると、これがまた厄介な仕事でした。憲政資料室に原本があるものはそれを使って校訂し、ないものはないなりに校訂し、また憲政資料室にあってこちらの『伊藤家文書』にないものは筆写する。中央公論社の平林孝君が、長野県の別所《べっしょ》温泉に伊藤博文宛の書簡を持っている人がいるという話を聞いてきて、坂野君と三人で出掛けたりもしました。実は半信半疑だったのですが、行ってみたら本当に巻物が十本ばかりあり、写真に撮って『伊藤博文関係文書』に入れました。

第一巻が完成したのは昭和四十八（一九七三）年で、すでに十年の月日が経っていました。ちょうど『日本歴史』から原稿の依頼があったので、本の宣伝も兼ねて、坂野君と連名で

『藩閥』研究と『伊藤博文関係文書』」という論文を書きました。前半は私が、後半を坂野君が書いたのですが、ぴったりとつながり、しかも誰がどちらを書いたのか他人にはわからなかったようでした。息が合うとはこのことで、坂野君とはいつも一緒に行動し、同じことを考えていたのです。

この後も予定通り、毎年一巻を刊行し続けました。当初の十巻よりも少なくなって、基本的には八巻で収録し、最後の九巻は補遺と索引とし、昭和五十六年に刊行されています。伊藤博文関係文書研究会の編になっていますが、これは非常に多くの人の参加によってできた仕事です。

第一巻の末尾には私の他に、酒田正敏、鳥海靖、坂野潤治、山口利昭、渡邉昭夫の諸氏が並び、こののち新規参加者は、第二巻では有馬学、福地惇、吉見義明の諸氏、第三巻では井《いの》上勲《うえいさお》、佐々木隆、成田賢太郎、三谷博の諸氏、抜けた人もあってこの時九人。第四巻では宮崎隆次《みやざきりゅうじ》、劉明修の二人、第五巻では上山和雄《うえやまかずお》、照沼康孝、森山茂徳《もりやましげのり》の諸氏、第六巻では板垣哲夫、柴崎力栄《しばさきりきえい》、御厨貴、山室建徳の諸氏、この時は十四人、第七巻ではジョージ・アキタ、北岡伸一、狐塚裕子の諸氏、第八巻では季武嘉也氏が加わり、最終第九巻では新しい参加者はなく、十六名の名が並びました。

実際に参加した人を編者にする、あるいは参加者として名前を明記するというやり方を以後も取りました。刊行されはじめると次第に研究者に利用されるようになり、その分、年代推定の誤りも発見されました。これはまとめてファイルにしてあり、いつか補足と訂正をしたいと考えているのですが、まだその機会がありません。

塙書房はこの出版でかなりの負担を負ったようで、私も何らかの貢献をしなければと、昭和五十三年に『大正期「革新」派の成立』を塙書房から出しましたが、何ら利することにならなかったかもしれません。この本は平成十七（二〇〇五）年にオンデマンド版が出ていま す。

これで伊藤博文文書は終わったと思ったのですが、数年前のこと、私のところに時々来る古物商が、「伊藤博文の史料があるから、見てもらえないか」と言ってきた。そのリストと関係文書を比較してみたら、一致するものが一つもない。ということは、憲政資料室に入る前、あるいは『伊藤博文伝』を作る前に、伊藤家から持ち出されたものと考えるほかありません。なんと伊藤博文の外遊日記なんかもある。これは貴重だからと、憲政資料室に「買わないか」と持ちかけましたが、

「今年は予算がない」との返事で、

「そんなこと言って、ほかに取られたらどうするの」と言ったのですが、

「ちょっと待ってください」とのことでした。

古物商は「六百万出してくれればあなたに売るよ」と言う。よほど心が動いたのですが、六百万で買って憲政に六百万で売ったら、税金の分だけ損する。どうするかと待っていたら、

半年ぐらいして、結局憲政資料室がそれ以上の値段で買ったと聞きました。

「随分損したな」と言ったところ、

「いや、安く手に入りました」と気にする素振りもなかった。

評価感が違うんでしょうね。そんなこともあります。

この古物商は本郷の三玄洞という店で、主人の三成氏は、中国の中世の骨董品《こっとう》が専門だったのですが、知り合いの菅井深恵さんに頼まれて、私に連絡してきたのです。この後も市で、日本近代の史料が出たら知らせてほしいと頼み、憲政記念館に買ってもらったことがありました。

菅井さんは、かつて林茂研究室で林先生の秘書をされていた方で、その後も親しくしていました。彼女は関科学技術振興記念財団の理事でしたので、その仕事の一環として一緒に財団関係者のインタビューもしました。虎の門病院の設立に関わられ、第三代院長を務めた浅《あさ》井一太郎《いいちたろう》氏のインタビューは、『臨床医六十年の軌跡――病院医療への証言』（名著刊行会）として、またTDK社長山崎貞一《やまざきていいち》氏と、創立者齋藤憲三《さいとうけんぞう》氏の養子で専務の齋藤俊次郎《しゅんじろう》氏のインタビューは、『ベンチャー企業のさきがけ――秋田から国際舞台へ　TDKの軌跡』（東海大学出版会）として、それぞれ刊行されました。

『品川弥二郎関係文書』と尚友倶楽部

『品川弥二郎《しながわやじろう》関係文書』は、井上勲君が学習院大学に勤めることがきっかけですから、昭和四十年代の初めのことになります。

学習院は名家の子弟が多いから、教壇に立ったら家に史料を持っている人がいるか聞け、と井上君に言ったのです。そうしたら学生の一人が、親戚が品川家で、そこには品川弥二郎関係のいろいろな史料があります、と言ってきたと電話をかけてきました。品川弥二郎は、伊藤博文や山県有朋ほどの知名度があるわけではありませんが、長州出身の政治家として忘れてはならない人物です。

そんな大事なものが本当にあるのか、と最初は信じられなかった。品川弥二郎関係の史料は『明治天皇紀』にも引用されていないからです。電話には、一度きちんと確かめたほうがいいんじゃないかと答えておいたのですが、しばらくすると、その学生が品川宛の伊藤博文書簡を数十通持ってきたと言う。早速井上君の研究室へ行ってみると、まごうかたなき伊藤書簡で、本当にこんなことがあるのだなあと感激しました。

井上君を通じて品川家に連絡をとり、茅ヶ崎までお邪魔したのは昭和四十九（一九七四）年でした。井上君、酒田正敏君、坂野潤治君、佐々木隆君、福地惇君、成田賢太郎君といった顔ぶれで、一回に数十通を拝借し、マイクロフィルムに撮影、さらに筆写して目録を作成するという作業を続けました。書簡も書類も内容が豊富でした。これもアジア財団からの研究費を使ったので、作業ははかどりました。明治期の基礎資料として活字化することに決めていましたが、量が膨大なだけに時間がかかる。参加者たちも就職が決まったりして、昭和五十五年頃にはだいぶメンバーが入れ替わっていました。

最初は、山川出版社の近代日本史料選書のシリーズに入れようと考えていたのですが、あまりにも量が多すぎて刊行は困難になり、そこで持ち込んだのが尚友倶楽部です。

尚友倶楽部は、旧伯爵・子爵を中心とした親睦《しんぼく》・社会福祉組織で、今はさまざまな公益事業をしています。倶楽部が入っている尚友会館は現在、財務省と文部科学省の間の坂道を上がっていった突きあたりにありますが、当時は二区画ほど横にある古い建物でした。

貴族院議員に水野直《みずのなおし》（一八七九〜一九二九）という有力者がいて、彼の日記の一部を西尾《にしお》林太郎《りんたろう》氏と書き起こして『社会科学研究』（昭和五十八年）に発表したことがありました。その時にお世話になったのが水野直の息子の勝邦《かつくに》氏で、彼が尚友倶楽部の代表でした。

平成二（一九九〇）年になって、水野勝邦氏の娘さんの上田和子《うえだよりこ》さんから、水野日記全体の刊行への協力を依頼されました。これが機縁となって憲政資料室の広瀬順晧氏と尚友倶楽部の出版事業を応援することになり、ある日、品川弥二郎の文書の話をしたら、出版してもよいという返事をいただきました。仕事再開です。出版については、旧来の縁から山川出版社の塙さんの協力を得ることができて、一部を山川出版社の刊行物として刊行し、一般にも購入できるものとしました。これを最初にして、前に述べた『有馬頼寧日記』など、私が直接関わらなかったものも含めて、尚友倶楽部から刊行された「尚友叢書」は近代の重要な史料の復刻の集積となり、近代史研究者にとって必要不可欠なものとなります。

品川弥二郎の文書は、佐々木隆君や酒田君が文字の入力を始めていましたが、量が膨大にありますから、なかなか追いつかない。そこで上田和子さんに、出版するだけでなく、一緒に作業しませんかと呼びかけましたら、上田さんをはじめ何人かの方、旧華族の娘さんや上田さんの聖心女子大学の友人の内藤好以《ないとうよしい》さんたちが、「やりましょう」と応じてくれました。

「でも」と続きます。

「先生、全然字が読めません」

「そんなの練習すればすぐに読めるようになりますよ」

私はそう言って、毎週一回ぐらい、読みにくい草書の品川宛書簡でレクチャーをしました。

「わかる字だけ原稿用紙に書いて来なさい」と言っているうちに、空いている箇所が少なくなっていって、その史料がどんなものなのかがわかるようになる。それはやっぱり一種の喜びですから、彼女たちもだんだんのめりこんでいく。広瀬氏も別に指導していて、ついには「先生、簡単なのは私に回さないでください」なんて言うような人も出てきたほどで、かなりの戦力に育ちました。

『品川弥二郎関係文書』は平成五年に第一巻が出て、二十一年に第七巻まで刊行しましたが、まだ完結していません。最新の第七巻の末尾には、この仕事に参加した人の一覧を掲げています。私、ジョージ・アキタ、川上寿代、狐塚裕子、木畑和子《きばたかずこ》、佐々木隆、柴崎力栄、季武嘉也、照沼康孝、鳥海靖、成田賢太郎、西川誠《にしかわまこと》、沼田哲《ぬまたさとし》、広瀬順皓、福地惇、村瀬信一、三島義温《みしまよしやす》、上田和子、太田展子《おおたのぶこ》、内藤好以、堤伊雄《つつみこれたけ》で、これも多くの人の協力でできたものです。

『山県有朋関係文書』

伊藤と並び称せられる明治の元勲、山県有朋については、側近だった二上兵治《ふたがみひょうじ》の家に残された記録があり、それをもとに昭和四十一（一九六六）年から『史学雑誌』に「大正初期山県有朋談話筆記」を断続的に発表し、五十六年には『大正初期山県有朋談話筆記』と題して山川出版社の近代日本史料選書として刊行しました。

書簡などの関係文書の編纂も、伊藤博文をやって品川弥二郎をやって、山県有朋をやらないのはおかしいと思って、ジョージ・アキタさん、広瀬順皓氏、酒田正敏君と始めました。

山県有朋の関係文書は巻物になっていて、憲政資料室でマイクロフィルムにしています。ただマイクロフィルムというのは写りが悪かったり、重なりがあったりして具合が悪い。いちばん困ったのは伊東巳代治《いとうみよじ》の書簡で、伊東は変な模様のある中国の書簡箋《しょかんせん》を使っているため、マイクロフィルムだと用箋の絵の色が出て、その上に墨で書いた部分が真っ黒になり全然見えない。そういう時は現物を見るしかないので、以前からの知り合いで、この巻物の所有者の山県睦子《むつこ》さんにお願いして持ってきていただき、なんとか読み進めることができました。

　尚友倶楽部の援助もあって、『山県有朋関係文書』全三巻は、平成十七（二〇〇五）年から二十年に刊行されました。巻末の編纂委員会のメンバーとして、当初のジョージ・アキタ、広瀬順晧、私の他に、小林和幸《こばやしかずゆき》、長井純市《ながいじゅんいち》、西川誠の研究者三人、そして尚友倶楽部調査室関係の上田和子、堤伊雄、太田展子、内藤好以の諸氏が名を連ねています。松平晴子《まつだいらはるこ》さんも尽力してくださいました。いつもと同じように集団での仕事でした。

『大正初期山県有朋談話筆記』のほうも、その後さらに二上家から出てきたものがあったので、季武嘉也君、尚友倶楽部と組んで平成二十三年に『大正初期山県有朋談話筆記　続』を「尚友ブックレット」の一冊として出しました。

　尚友ブックレットには、『渡邉武談話』、『渡邉昭《あきら》談話集』、『「貴族院」憲法改正案特別委員会小委員会筆記要旨―日本国憲法制定史の一資料―』、『松本剛吉《まつもとごうきち》自伝「夢の跡」』なども含まれています。史料を見せていただくなどでお世話になった渡邉武氏は子爵渡邉千冬の息子で、「昭和天皇の最後の御学友」と言われる渡邉昭氏は伯爵渡邉千春《ちはる》の息子、どちらも伯爵渡邉千秋《ちあき》の孫にあたります。両氏のインタビューの聞き手は私が務めました。

　加えてジョージ・アキタさんと山県有朋書簡集を出そうと山県書簡をだいぶ集めましたが、これは現在、小林和幸君らが引き継いでくれています。

『尾崎三良日記』

昭和五十六（一九八一）年十月には、琉球大学法文学部非常勤講師として沖縄に向かいました。

ここでいろいろな方と知り合いになったのですが、興味深かったのは我部政男《がべまさお》教授で、明治十五（一八八二）年に巡察使として沖縄に赴き、詳細な報告書を太政官《だじょうかん》に提出した尾崎《おざき》三良《さぶろう》の孫と接触しているとのことでした。そこで共通の友人であるジョージ・アキタ氏も含めて三人で、昭和五十八年頃に当時横浜にお住まいの孫の尾崎春盛《はるもり》氏を訪問しました。

春盛氏によれば、尾崎三良の史料が大量に残されているとのことで、明治政府の法制官僚として井上毅《いのうえこわし》らと並ぶ存在であった尾崎の日記・来簡を含む全体を翻刻出版しようという話になりました。ただし日記は膨大なので、明治二十五年八月の退官までは全文を翻刻、京釜《けいふ》鉄道建設事業が尾崎から政府に移った明治三十六年十二月までは公的な活動の記述のみを抜粋することにし、その選択、筆耕を春盛氏が担当することになりました。

出版を引き受けてくれるところを探したのですが、大部でもあり、尾崎三良が今日では忘れ去られた存在であることから困難を極め、ようやく昭和六十年に、アキタ氏の紹介で本邦書籍という小さな出版社が引き受けてくれました。すでに始めていた書簡の解読もアキタ氏、西尾林太郎、村瀬信一、梶田明宏《かじたあきひろ》、狐塚裕子、園部良夫の諸氏とともに進め、春盛氏の筆写した日記の整理、人名註を付ける仕事なども、長井純市、西川誠、山崎有恒《やまざきゆうこう》の諸氏が参加してスタートしました。

ところが昭和六十二年に、本邦書籍の鈴木治雄社長が病に倒れ、頓挫してしまいます。困っていたところ翌年になって、すでに『尾崎三良自叙略伝』を刊行していた中央公論社が、日記については出版してくださることとなり、こうして平成三（一九九一）年八月から翌年二月にかけて『尾崎三良日記』全三巻が刊行されました。

なお関係文書のほうは、憲政資料室に寄贈されています。

また尾崎三良は明治初年に、三条実美の息子の世話役としてイギリスに留学、イギリス人と結婚して三人の娘をもうけましたが、そのうちの一人英子《えいこ》は尾崎行雄の後妻となりました。その娘が、尾崎咢堂《がくどう》記念館を主宰し、多方面の活動をなさっていた相馬雪香《そうまゆきか》さんです。

岸信介氏インタビュー

岸信介元首相のインタビューをすることになったのは、矢次一夫氏から指名されたのがきっかけです。矢次氏とは『現代史を創る人びと』のインタビューで喧嘩をして以来、なぜか付き合いが続いていました。

もともとは毎日新聞で、矢次氏を聞き手とした岸氏の回顧談が連載されていたのが、なんらかのトラブルによって中断したのを、中央公論社の平林孝君が『中央公論』できちんとやり直そうと企画したものです。

昭和五十三（一九七八）年の早々から質問要項を考えたりして準備を進め、翌年の春に初めて岸氏に会い、六月からインタビューを開始しました。最初に十回、補充が十回、『中央公論』九月号から「岸信介元首相連続インタビュー」として連載が始まり、十回まで続きました。

前列左端が矢次一夫氏、右が岸信介氏。後列左端が吉田弘氏、右端が著者（国策研究会提供）

インタビューはいつも、田村町《たむらちょう》の日石ビル三階の岸事務所の応接室で行われました。岸氏と矢次氏、矢次氏の秘書の吉田弘氏、平林孝君、私、速記者という顔ぶれで、毎回一時間半から二時間半、私の質問に岸氏が淡々と答えるかたちで進められました。

岸氏は、「それはですよ、ナンだな」と独特の語り口で、実によく質問の意図を察知して答えてくれました。ちょうど世間はグラマン疑獄で騒然としていて、新聞には「岸の逮捕はいつか」といった記事が出ていましたが、岸氏は平然としたもので、「そんな馬鹿なことはありえないですよ」と言っていました。

速記ができて整理した上で岸氏に見ていただきまし

たが、削除されることはほとんどありませんでした。ただ一回だけ、台湾独立を支持する発言をされた時に、あとから「これはまずいから少し変えさせてもらいます」という申し入れがありました。中国から岸氏にアプローチがあって、場合によっては中国に出掛けるという状況にあったからです。

インタビューの数回目に私は、史料を提供していただけないかとお願いしてみました。岸氏は、戦前のものは戦犯として出頭する前に焼いてしまったけれど、巣鴨獄中期のものはあるからと言って、日記と獄中での回想を持ってきてくださいました。

『岸信介の回想』

『中央公論』での連載が終わったところで平林孝君に、岸氏のインタビューを「本にしないか」と話すと、彼は「とても中央公論では無理だ」と言う。中央公論社の社長、嶋中鵬二氏は、雑誌はともかく、書籍に特定の党派性のあるものは出さないという方針だったらしい。仕方がない、じゃあ他の出版社に持ちかけるよと答え、文藝春秋の堤 尭《つつみぎょう》氏に話してみると、早速乗ってくれました。補充のインタビューを四回やって、巻末には巣鴨日記と獄中での回想を収録し、昭和五十六（一九八一）年に『岸信介の回想』として刊行しました。この話を平林君にしたら、「どこに持っていってもいいとは言ったが、文藝春秋とは……」と絶句したのを覚えています。

世間的なイメージとは違って、岸氏の話し方は、表情豊かで聞き取りやすく外連味《けれんみ》のないもので、聞く人に必ず好感を持たせるものでした。たとえば、近衛文麿から人を介して商工大臣を打診され、「自分は次官でいい」と断った時のことです。岸氏は近衛のいる荻外荘《てきがいそう》に呼ばれ、大臣は財界人の小林一三《こばやしいちぞう》にしたけれど、「自分の心持ちからいえば、君が大臣だと思っている」と激励されたそうです。その後日談は次のように語られています。

岸　ところが小林さんというのは面白い人で、私が大臣室に挨拶に行くと、いきなり、岸君、世間では小林と岸とは似たような性格だから、必ず喧嘩をやると言っている。しかし僕は若い時から喧嘩の名人で、喧嘩をやって負けたことはない。また負けるような喧嘩はやらないんだ。第一、君と僕が喧嘩して勝ってみたところで、あんな小僧と大臣が喧嘩したといわれるだけで、ちっとも分がない。負けることはないけれど、勝ってみたところで得がない喧嘩はやらないよ。これが次官を呼んでの大臣就任の初対面の挨拶だった（笑）。（中略）

それで、いよいよ小林さんから次官を辞めろという話があった時、いや、私は辞めてもいいけれど、相談すべき人があるからすぐには駄目だと答えて、かつて激励を受けた手前、近衛さんに断わらずに辞めるのも悪いと思い、近衛さんにお目にかかりたいと言うと、総理は会ってくれない。電話で話をしたわけです。実はこういうことで小林さんから辞めろといわれた。しかし組閣の時に総理のお言葉もあったし、ご意見を聞かないで勝手に辞めるわけにもいかないと思う。すると、近衛さんは、そうですね、やはり大臣と次官が喧嘩をしてもらっては困りますから、そういう場合には次官に辞めてもらうほかないでしょう（笑）。それで、かしこまりました、ということで辞表を出したのですよ。政治家というのはこういうものか、俺はやはり若いのだなとしみじみ感じたことがある。

岸さんは晩年、御殿場《ごてんば》で過ごしておられましたが、このインタビューの中で、サウジアラビアのファイサル国王が来日した時に招いたことを話してくれました。

「日本に来てもヨーロッパやアメリカと違わないじゃないかというんで、私の御殿場の家へ連れて行ったんです。するとあの田舎を見て初めて日本へ来たという気がする、というんだ。その上、水が油よりも高いサウジから比べれば、庭にたくさんの木があり、水は溢《あふ》れるように出ているので、えらく喜ぶと同時に、さすがに日本の総理は偉いものだと妙に感心していたのですよ」

亡くなられたのちの平成五（一九九三）年に、渡邉昭夫・北岡伸一監修で「戦後日本外交はいかに形成されたか」というNHK教育テレビの番組がありました。岸信介の回の出演者として御殿場のお宅に行ったのですが、庭に作られた滝を見て、これがそうか、素晴らしいと感心しました。

ちなみに鳩山一郎の回では、音羽《おとわ》の鳩山邸、現鳩山会館の応接室を使いました。鳩山が倒れたという日本家屋も見せていただきました。

岸さんが呼ばれた荻外荘は、近衛の荻窪《おぎくぼ》にあった邸宅で、日米開戦直前には荻窪会談が行われました。終戦後に近衛が自決したのもこの邸宅です。

荻外荘は、近衛の次男の近衛通隆《みちたか》氏が相続しました。通隆氏は、近衛家の平安時代以来の文書・記録などを所蔵している京都の陽明文庫の理事長をしておられ、私は山本有三《やまもとゆうぞう》旧蔵の近衛関係史料の整理を頼まれて目録を作成したことから評議員になりました。またゴードン・バーガー氏と協力して近衛文麿全集を作ろうと、かなり史料を集めましたが、実現しませんでした。

通隆氏は私に、いずれ荻外荘を陽明文庫の分館にして、近衛篤麿《あつまろ》・文麿のものをここに移して、研究者が使いやすいようにしようと話しておられました。土地の一部を売却して、それで建物を造り、という目論見《もくろみ》でしたが、バブルが崩壊して不可能になりました。

平成二十四年に通隆氏が亡くなられると、遺言で荻外荘は売却され、経済的に苦しくなっていた陽明文庫にその一部が遺贈され、存続の助けになります。

岸信介さんのインタビューによって、かなり戦後史の勉強をしたことになり、その後の研究対象の拡大のきっかけにもなりました。

六〇年安保の時、私などは佐藤誠三郎君たちとデモにも参加したクチでしたが、岸さんはこんなふうに語っています。

――この段階になると全学連がかなり運動の前面に出てくる。彼らは共産党を批判しながら、運動をしているわけですが、全学連問題についてはどういうふうにお考えでしたか。

矢次 全学連はマスコミでは大きく書かれたけれども、政府が当面したものとしては大きなものではなかったんじゃないかな。

岸 そうね。全学連が安保改定阻止、反対の中心勢力とは考えていなかった。

――羽田事件も大したものではなかったという感じですか。

岸 そうですね。たいしたことではなかった。

矢次 〔昭和三十四年〕十月九日に政府は安保改定についての世論調査をやっていて、その結果は、賛成が一五パーセント、反対が一〇パーセント。賛否いずれとも意見を表明しない者が二五パーセントで、残りの五〇パーセントが安保改定はなんのことかわからないというものだ。

岸さんは、私がその当時何をしていたか、なんてことも考えていなかったようです。この点、後述する後藤田正晴《ごとうだまさはる》さんとは大きく異なります。

いつも同席していた矢次一夫氏には、助けてもらったのか、引っ掻《か》きまわされたのか、よくわからないというのが実情でした。立ち入った問題になると矢次氏が発言して、岸さんの言おうとしたことを中断してしまう。出来上がった本を見ても、矢次氏は岸さんと同じくらいしゃべっています。先に引用した安保改定の箇所でもそうでした。

『佐藤栄作日記』が世に出るまで

岸信介さんの実弟、佐藤栄作氏が亡くなったのは、昭和五十（一九七五）年、七十四歳の時です。

佐藤氏が日記を残していることを、いつから知っていたのか、記憶がはっきりしません。でも、朝日新聞社がこの出版に関わっていることは、割合早い段階から耳に入っていて、朝日の知り合いに会うたびに、「早く刊行してくださいよ」と言っていました。よもや自分が関わるとは思っていなかったのです。

平成二（一九九〇）年に開かれた国会図書館の議会百年の展示会でも、憲政記念館の展示でも、ご遺族の許しを得ることができて、日記を出陳してもらいましたが、刊行となると許しが出ない。佐藤氏の夫人が亡くなってからは、佐藤家では反対が多くなって作業がストップしてしまったと聞きました。

だいぶん時が経って、平成六年秋、かねてから知り合いの朝日新聞の山下靖典《やましたやすのり》氏が出版局に移り、創業百五十周年の記念出版として何がいいかと相談に来ました。その時も『佐藤栄作日記』を刊行できるよう全力をあげるべきだ、と力説したものです。

偶然というのでしょうか、前にお話しした斎藤隆夫の記念講演のために兵庫県へ行ったのも、この年の暮れでした。何のことはない、私は竹下元総理の講演の前座を務めたわけです。自分の講演が終わって、客席で竹下さんの講演を聞いていたら、「佐藤栄作元総理の日記を見ると……」とおっしゃる。竹下さんが、佐藤栄作の家を借りて住んでいるというのを聞いたことがあり、家には日記まで付いているのかと驚き、その後のパーティーでご本人に伺ってみました。

「いえ、今、ご遺族から借りて読んでいるのです」

そこで私が、

「戦後日本政治史の基本史料になるものですから、是非とも刊行にご協力いただきたい」

とお願いすると、前向きのご返事をいただくことができました。早速、朝日の山下氏にこの件を話し、遺族に強力に働きかけるよう依頼したのです。

それでも難航したようですが、竹下さんの口添えもあってか、翌平成七年の十月に佐藤家と正式に交渉が成立しました。

その間に、本のデザイン、章立て、注記、人名索引などについて相談を進め、さらに日記のデータ化の分担を決めました。幹事役は季武嘉也君で、酒田正敏君、有馬学君、河野康子さん、小池聖一君、古川隆久君、百瀬《ももせ》孝《たかし》さん、山室建徳君、加藤陽子さん、といった友人やゼミの教え子の他に、尚友倶楽部の関係の人や、わが家の妻や娘まで引っ張り出して、作業に当たることにしました。

平成八年四月十九日に、有楽町マリオンの朝日新聞社の談話室で作業の打ち合わせ会を開くことにして、各人は鋭意入力作業に励んでいました。

ところが二月二十一日に、酒田君の息子さんから電話が入ります。

「父が佐藤栄作日記の入力作業ができなくなりましたが、どうしましょうか」

癌で倒れ、最早コミュニケーションをとれない状態だと言います。飛び上がるほど驚きました。ぜひ会いたいと思いましたが、会話することも叶《かな》わないとのことで、あきらめました。

その二週間後の三月四日には、亡くなったという知らせを受けるのです。

都立大時代から三十年が経ち、酒田正敏君は当時、明治学院大学の教授となっていました。まだ五十八歳。坂野潤治君と疎遠になって以来、私の横にはいつも酒田正敏君がいてくれたと言っていい。最も信頼し、最も期待していた人間を失ったのでした。私は悲嘆に暮れながらも、佐藤日記の準備を進めました。

四月十九日の打ち合わせでは、全六巻とすること、第一回配本を翌平成九年四月として、以後隔月配本を目標とすること、校訂要員を、私、季武、梶田明宏、長井純市、西川誠、古川隆久とすること、さらにルビや改行の原則、脚注のことなどを決めました。

校訂作業は予想以上に大変で、第一回配本の校正中に、第二回配本の初校の校正が重なったりしました。朝日新聞の担当者であった山田淳夫《やまだあつお》氏たちも、よくやってくれました。

朝日新聞社との喧嘩

朝日新聞社は、名誉にかけてやる、ということで、人も出しましたし、お金も出しましたけれど、第一回配本が出る時になって、トラブルが起きます。

四月半ば、山下氏と第一回配本に合わせて、朝日新聞の紙面でどのような報道をするかについて相談しました。その時私は、歴史史料としての重要性を中心に報道してもらうよう、くれぐれもお願いしました。新史料というと、ジャーナリズムは「新しい事実はどこにあるのか」を問題にして、騒ぎたてようとします。でも、そんなものはそうそうあるものではありませんし、もし新事実があれば、ジャーナリズムがなぜこれまで見過ごしてきたか、ということになるでしょう。史料を読み込んで、新しい光が当たることによって、見えなかった線がつながっていく、そういうものなのです。だから、ここで念を押したのです。

ところが、それからしばらく経った五月四日、翌朝掲載されるという第一面の記事がファクシミリで送られてきました。見ると、

「沖縄返還巡る『核密約』示唆」「佐藤元首相の日記で明らかに」「克明に交渉の裏面」

と、センセーショナルに見出しが躍り、小さく「近く刊行」となっている。明らかにその時点での沖縄問題、進行中の日米防衛協力のためのガイドラインの見直しに引きつけ、朝日新聞の論調に『佐藤栄作日記』が寄り添うかたちになっている。

話が違う、と私は激昂し、山下氏に電話をしました。

「一杯食わせたな、弁解無用、以後一切手を引く。私の名前は出すな、私は朝日と全面的に戦うからそのつもりでいてくれ」

そう言って、ガチャンと切り、机の上に積んであった進行中のゲラもすべて片づけました。

翌朝届いた朝日新聞は、前日のファクシミリそのままでした。

山下氏からは「伺いたい」と電話がありましたが断ると、数時間後、山下氏が出版局長らを連れて家にやってきたのです。

とにかくあれから最終版までかかって、記事を大幅に修正したから、見るだけでも見てほしいと言う。たしかに『佐藤日記』を世に出すために努力してくれた仲間であることには違いない、と思い直して、一時間ばかり話を聞くことにしました。

最終版の見出しは、

「核もちこみの事前協議に当たり非常時に於いても断固NOと言ふべき処《ところ》が、ほんねが出て」「沖縄返還交渉の心境などつぶさに」「佐藤元首相の日記近く刊行」

と全面的に訂正されていました。

山下氏らの話によれば、出稿した原稿は、連休中に休暇をとっているあいだに、政治部の中でどんどん政治問題に傾斜していき、彼らが知った時にはすでにあのかたちになっていた、それを私の抗議のあと、必死になってここまで直したのだ、と言う。

わからない話ではありません。記事が基本的に日記出版がメインになったこと、佐藤家や竹下元首相も朝日新聞の弁明に対して了解したこと、これまでの経緯から私が監修でなければ今後の出版が難しくなること、そういう説明を受け、納得せざるを得ないと考え、今回の問題のあらましを書いた文書をもらうという条件付きで仕事を続けることにしました。

文書は翌日届き、仕事再開の返事をしました。

刊行は結局二ヵ月遅れて、六月となりました。

『佐藤栄作日記』概要と反響

佐藤日記の概要については、第一回配本後の平成九（一九九七）年六月二十五日の朝日新聞に掲載された「『佐藤栄作日記』の読み方　政治構造と人間像あらわに」から引用します。

総理大臣の日記は意外に少ない。

戦前では、明治後半から大正期にかけての歴史研究に強い影響を与えた『原敬日記』以外には、総理時代の『浜口雄幸《はまぐちおさち》日記』、そして戦後は短期間の総理時代を含む『芦田均日記』、『石橋湛山日記』などがあるに過ぎない。

戦後七年八カ月にわたる首相の全期間をカバーする『佐藤栄作日記』は他を圧するものがある。本日記は、昭和二十七年（一九五二）、第三次吉田内閣の郵政相兼電気通信相当時から、脳いっ血で倒れる前日の昭和五十年（一九七五）五月十八日まで、延べ二十四年間にわたり書き記された（もっとも首相になる以前は中断や行方不明の分もある）。佐藤がおおむね政権中枢、保守本流にあったことから、戦後政治研究に大きなインパクトを与えるものとなろう。

ここで行方不明と言っているのは岸内閣期です。岸さんが持っていったんじゃないかという気がしています。現在も後追いしていますが、さすがに無理かなという気がしてきました。岸家にあるんじゃないかと、娘の安倍洋子《あべようこ》さんにも聞いてみましたが、「うちには絶対にありません」と。あれだけ自分の史料をきちんと整理する方でしたから、大事なものは処分したのだと思います。

六月二日には佐藤栄作氏の二十三回忌が、ホテルニューオータニで盛大に行われました。最初に竹下さんの挨拶、続いて『佐藤栄作日記』によく登場する橋本龍太郎《はしもとりゅうたろう》首相が乾杯の挨拶をし、思い出を語りました。参会者に第一回配本の第四巻が配られました。

刊行されてみると反響は思いのほか大きく、読売新聞で渡邉昭夫君が、若泉敬《わかいずみけい》氏の『他策ナカリシヲ信ゼムト欲ス』の記述とのギャップを取り上げながら紹介してくれたり、変わったところでは坪内祐三《つぼうちゆうぞう》氏が『週刊朝日』で、「意外なことに（?）、とても読みごたえがあった」と評してくれました。北岡伸一君も『季刊アスティオン』で、きちんとした書評を書いてくれました。

第四巻は刊行一ヵ月で三刷にまでなりましたが、朝日新聞として儲《もう》かる仕事ではなかったのでしょう。私はといえば、季武君と引き続き校正に追われ、その合間に佐藤の秘書官だった楠田《くすだ》實《みのる》氏と対談をしたり、PR誌『一冊の本』に原稿を書いたり、佐藤の秘書官たちによる座談会をやったりしました。対談は『諸君!』に、座談会は『論座』に、それぞれ掲載されています。

最終巻が刊行されたのは平成十一年四月でした。

鈴木喜三郎と木内信胤

『佐藤栄作日記』の刊行が終わったところで、山下靖典氏とおしゃべりしていて、御苦労さん代わりに誰か史料を持っていそうな人を紹介せよと言いました。

「誰がいいですか」

「鈴木《すずき》喜三郎《きさぶろう》と木内《きうち》信胤《のぶたね》」と、とっさに答えました。

「よろしゅうございます。鈴木喜三郎の孫の志田《しだ》威《たけし》氏、木内信胤の長男木内孝《たかし》氏とは親しい、近々紹介しましょう」

しばらくすると、プレスセンタービルの記者クラブに来るようにと連絡があり、行ってみたら、木内、志田両氏が来ていて、紹介されました。お二人に史料の存否を尋ねたところ、喜三郎の末娘の息子にあたる志田氏は、鈴木家が戦災で焼けて何もないが、親戚に鈴木宛書簡が二通ばかりあるとのことでした。

後日訪問して見せていただいたところ、一通は浜口雄幸からの内相引き継ぎの話、もう一通は治安維持法改正に関する田中義一の書簡でした。これは貴重な書簡であったので『日本歴史』平成十二（二〇〇〇）年正月号に「田中義一の鈴木喜三郎宛書簡について」と題して紹介しました。

山下氏に聞かれて、政友会の総裁だった鈴木喜三郎の名前を出したのは、鳩山一郎の義兄だったからです。治安維持法の改正については小川平吉関係文書の一つの大きなポイントで、鳩山は政友会の田中内閣の書記官長にもかかわらず反対していました。その義兄の鈴木は改正の推進者と思っていたのですが、この書簡は、反対論者の鈴木に対して、田中が、どうしてもやりたいので賛成してほしいと説得するものでした。

吉田茂のブレーンで、池田勇人《いけだはやと》・佐藤栄作のご意見番でもあった木内信胤は、戦後史との関係で興味がありました。澤田節蔵《さわだせつぞう》の世界経済調査会は、アメリカン・カウンシル・オン・ジャパン（アメリカ対日協議会）と関係が深かったと思われますが、この会の理事長を長くしていたからです。

理事長を引き継いだ服部《はっとり》セイコーの服部禮次郎《れいじろう》氏にはすでに手紙を出し、銀座四丁目のあのビルに初めて入って、古い時代の記録について伺ったことがありました。その時、服部氏は、前任者の木内信胤氏が何も引き継がなかった、とかなり怒りを露《あらわ》にしたのです。それでどうしても木内の史料にアプローチしたいと思っていたのです。

木内孝氏は、世界経済調査会を含めて父親が残した史料は成田空港の近くにある農業研修のために作った建物にあると言って、車で連れて行ってくれました。見たところきわめて貴重な史料群で、大蔵省の終戦連絡部長としてGHQとの関係を示す史料、外国為替管理委員長としての文書記録類、そして世界経済調査会関係の記録文書などが山になっていました。これらをいただくことになり、ダンボール四十個弱に詰めて宅配便で政策研究大学院大学に送り、黒澤《くろさわ》良《りょう》君、矢野信幸君などによって目録が作成され、のちに憲政資料室に収められました。

この史料はまだあまり使われていないようですが、戦後史研究のきわめて貴重な史料です。

第10章　昭和天皇崩御

天皇崩御

昭和天皇崩御の直前、つまり昭和六十三（一九八八）年の終わり頃、あちこちの新聞や雑誌から昭和天皇について書いてくれと依頼がありました。いわゆる予定稿というものでしょう。朝日新聞がなぜか私を指名してきたので不思議に思いましたが、そうか、これは右と左を並べるつもりだなと気づいて、普段通り書きました。

翌年一月七日に昭和天皇が亡くなり、翌日の朝日新聞の紙面を見た時、「ああ、並んだ」と思いました。右面に私と高畠通敏《たかばたけみちとし》さんが並び、左面には武田清子《たけだきよこ》さんが書いていました。でも、高畠さんのを読んでみたら、私の書き方とあまり違わない。敗戦国の君主でありながら、その地位と国民からの敬愛の念を失わなかったことに触れ、戦前・戦後の二つの憲法下におけるその政治的役割を肯定的に考察しています。おかしいじゃないかと思ったのです

『朝日ジャーナル』における大江志乃夫氏（左）との対談の様子

が、その後いろいろな人と対談をしたりしても、昭和天皇の評価で食い違うことが少ない。これは昭和天皇の崩御が、予想だにされなかった共産主義陣営の急速な崩壊と時期を同じくしたことが、その背景にあったと考えられます。

ただ一つだけ、大激論になったのが『朝日ジャーナル』（一九八九年一月二十日緊急増刊号）での大江志乃夫氏との「歴史的『責任』の所在」と題する対談でした。これも対談自体は崩御以前に行われたと記憶します。

普通、対談というものは、意見が対立してもどこかで折り合って、「じゃあ、まあそのへんで」と終わるものですが、この時は大江氏のみならず編集部の数人までを相手に、天皇の戦争責任論に対して矛盾を突くことになりましたから、ひどく疲労しました。記事は、最後まで分裂したまま、プツッと終わっています。

伊藤　たとえばスターリンがこうやったからこうなったという因果関係があって、なぜスターリンはこうやったか、その結果どうなったかという分析はできます。しかし、スターリンの責任を追及するなんてことは、歴史学の範囲外だということです。

大江　われわれは裕仁《ひろひと》天皇と同じ時代の空気を吸ってますから、同時代に生きていることの責任を、歴史を研究する者としてどう果たすべきか。これは豊臣秀吉の朝鮮侵略の責任を問題にしているのとは違う。（中略）私は伊藤さんとは発想が逆なんです。

私は歴史研究において、責任という視点はあり得ないと考えていますから、そもそもの土台が違っている。

対談の中でも言っているのですが、戦争という現象自体、ニュルンベルク裁判や東京裁判以前においては、それが罪になるとされていたわけではないのです。仮に大日本帝国憲法に「戦争をしてはならない」という条項があって、それに天皇が違反して無理やり国民に戦争をやらせたというのであれば、それは大問題だと思いますが。

この時期は昭和天皇についてずいぶん書く破目になったのですが、実はその前もその後も、昭和天皇のことを深く考えたことはありませんでした。なぜなら、天皇周辺にいる人たちは政治勢力として考えられますが、天皇自身は特に政治的に強い意味があるわけではない、というのが私の考えだからです。

平成二十三（二〇一一）年になって、古川隆久君が中公新書で『昭和天皇』を出して、そのうちに伊藤之雄《いとうゆきお》氏が『昭和天皇伝』（文藝春秋）を送ってきたから、これはもう一度向き合わないといけないかなと思っているうちに『昭和天皇実録』が公開され、その思いはいっそう強くなっています。

いわゆる「独白録」について

昭和天皇の崩御を受けて、未発表だった史料がいくつか公開されました。なかでも人々の注目を集め、問題になったのが、いわゆる「昭和天皇独白録」です。実はこれを日本でいちばん最初に見たのは私なのです。

平成元（一九八九）年十一月、南カリフォルニア大学教授となっていたゴードン・M・バーガー君から一通の手紙が届きました。寺崎英成《てらさきひでなり》の娘マリコ・テラサキ・ミラーの息子のコール・ミラー氏から、寺崎の日記と回想録を含む史料を見せられた、その史料の適切な評価者として私を推薦したので、そのうちにコピーが届くだろう、と書いてありました。寺崎は、日米開戦まで在ワシントン日本大使館の一等書記官として働き、終戦直後は宮内省御用掛としてGHQとの連絡業務を担当していた人物です。テレビドラマにもなった柳田邦男《やなぎだくにお》の『マリコ』の主人公としてご存じの方もあるでしょう。

ミラー氏から実際に日記と回想録のコピーが届いたのは、翌年二月下旬でした。私は当然エアメールで来ると思っていたのですが、何と船便。バーガー君もミラー家も、日記と回想録は寺崎のもので、それほど凄いものとは考えていなかったようです。

ところが一読して、回想録のほうは寺崎の回想ではなく、昭和天皇の回想の記録であることがわかりました。冒頭には、本篇は昭和二十一（一九四六）年三月から四月にかけて合計五回、戦争の遠因、近因などについて陛下の御記憶を、松平《まつだいらよしたみ》慶民宮内大臣、木下道雄《きのしたみちお》侍従次長、松平《まつだいらやすまさ》康昌宗秩寮総裁、稲田周一《いなだしゅういち》内記部長および寺崎御用掛の五人で聞き取ったという趣旨が記されている。私はびっくりして、貴重な史料だとバーガー君に知らせた上で、翌月までに史料のほぼすべてを読み、約束通り史料全体の評価をあらためて送りました。

史料を評価するにあたっては、最初から秘密を守るようにとの条件がついていました。ミラー家では史料が天皇に関するものとは思っていませんから、それは寺崎英成およびマリコさんはじめミラー家のプライベートな事柄について秘密にしたいということでしょう。私は約束に従って、史料のコピーもメモも一切作成しませんでした。自分自身の良心の問題でもあり、万一約束を破ってそれが漏れた場合、学者生命が終わると考えていたからです。

ミラー氏からは、私の最初の評価に対する感謝の手紙があり、続いて二日後、再び手紙が来ました。文言はなんと、「ただちにいっさいのコピーを返却せよ」とあるだけでした。私は航空便ですぐに返却しましたが、前の手紙とはまったく異なり、謝意もなく高飛車なやり方に対して、バーガー君を通じて抗議し、今後いっさい関係を持たないと伝えました。ただこの時、バーガー君に、これを活字にするなら文藝春秋以外にないよ、とも伝えました。中央公論社では、風流夢譚事件と思想の科学事件があった以上、天皇関係の史料はちょっと出せないだろうと考えたのと、お金も文藝春秋のほうがあるだろうと思ったからです。ミラー氏とのやりとりで、彼らがほしいのはお金だとわかりましたから。

この年、すなわち平成二年十一月、史料の発見はNHKで報道されました。その二日前、NHKから電話がかかってきました。

「実は、明後日、大事なことを公表しなければならない。それについてコメントをいただきたいのですが」

そこで先回りして、

「かなり重要なものか」

「それは天皇の談話か」

「昭和二十一年三月から四月のものだろう」

とたたみかけたものだから、NHKはなぜ知っているのかと驚いていました。

史料は『文藝春秋』十二月号に「昭和天皇独白録」として掲載され、大きな話題となりました。天皇は「独白」したのではなく、側近の質問に答えて回顧談をされたのですから、このネーミングはおかしくて、「談話録」とすべきだったと思います。いずれにせよ、天皇の生の言葉が世に出ることはきわめて稀《まれ》な上に、ましてや政治的発言や臣下の評価などについて触れた発言が国民の目に触れることになったのですから、騒がれるのも当然と言えば当然でしょう。

『文藝春秋』では次号で座談会も催され、児島襄《こじまのぼる》、秦郁彦《はたいくひこ》の両氏、文春の担当者半藤一利《はんどうかずとし》氏とともに私も参加しましたが、問題となったのは、天皇のこの回想がどういう目的で行われたのかということでした。秦さんは、GHQに提出するためのものと主張し、私はこれをGHQに提出したら自ら戦争犯罪人だと立証するようなものだからそれはあり得ない、冒頭の文章にある通り、当時の側近たちが天皇の考えを内々に伺っておこうというものだと主張しました。この中で私は、「秦さんのいう英文が出てきたらカブトを脱ぎますがね」と発言しています。GHQに提出するためのものであれば、どこかに必ず英文のものが存在するはずだからです。それは現在のところ、まだ見つかっていません。英文版が存在すると言う人もいますが、私はそれは「独白録」とは性格の違うものだと考えています。

「独白録」で注目すべきは、昭和四十二年に行われ、やはり崩御後に国会図書館憲政資料室で公開された「木戸幸一氏政治談話録」、大久保利謙先生が聞き手となったインタビューですが、あれと内容が非常に似通っていることです。実は「独白録」を読んだ時、昭和天皇は木戸幸一にかなり「毒されて」いるなと感じました。昭和天皇の回想は木戸の影響が非常に強く、平成十八年になって出てきた例の「富田《とみた》メモ」（宮内庁長官を務めた富田朝彦《ともひこ》のメモ）における白鳥敏夫《しらとりとしお》や松岡洋右《まつおかようすけ》の人物評なども、木戸の考え方と一致するものです。ちなみに

「富田メモ」についての考えは『諸君!』平成十八年十月号に書きました。天皇は他にも回顧談を残しているはずで、当時侍従長の入江相政《いりえすけまさ》や侍従次長の木下道雄が、昭和五十一年の日記に書いている通り、「聖談拝聴記」もどこかにあるだろうと思っています。宮内庁は出さないし、公開された『昭和天皇実録』にも見当たりません。でも、宮内庁がなくすはずはありません。何かをきっかけにして、出てくるのではないでしょうか。

『牧野伸顕日記』

昭和天皇に大きな影響を与えたという意味では、戦争前であれば木戸幸一以上の存在であったと思われるのが牧野伸顕(一八六一～一九四九)です。大久保利通の次男で、明治大正昭和の三代にわたって外交官、政治家、そして天皇の側近として活躍した人物で、牧野に日記があることは、以前から牧野の甥にあたる大久保利謙先生から伺っていました。この日記の出版にゴーサインが出たのも、昭和天皇の崩御があってのことでしょう。

ある日、大久保先生に呼び出されて、これを国会図書館憲政資料室の広瀬順晧さんと一緒にやりなさい、と言われたのです。

「どこか改変しなければならないとか、そういうことはありませんね」と尋ねましたら、

「歴史家がそんなことを言うわけはない」とおっしゃった。

早速、そのかなり読みにくい字の日記を分担して解読する作業に入りました。結果的に四

分の三以上は広瀬氏が解読しましたが、内容の豊かさは、さまざまな史料を見たなかでも随一と言ってよいほどで、興奮したことを覚えています。

日記を正確に読み、人名に若干の註を付け、人名索引を作り、解説を付け、最後、校正刷りが出た段階で、伸顕の嫡孫の牧野伸和《のぶかず》氏と最終的な詰めの作業をしました。氏は周辺の人々に迷惑がかかる可能性を考え、ある程度の削除を主張しました。私としてはなるべく原型のまま出したかったので、このやりとりにはそれなりの時間を要しました。最終的には伸和氏は気が進まないながらも多くを譲歩してくださり、削除部分は全体で四百字詰め原稿用紙で二枚程度となりました。いろいろあったにもかかわらず、平成二（一九九〇）年の十一月に刊行にこぎ着けたのですから、私の仕事としては異例の速さと言ってもいいかもしれません。

『中央公論』の平成二年八月号に一部を掲載して宣伝することになり、他の雑誌や新聞にも情報を流したところ、いちばん力を入れて報道してくれたのが読売新聞でした。当時、編集委員だった吉田伸弥《よしだしんや》氏が熱心に取材してくれたので、こちらも熱心に応対しました。そして、『中央公論』八月号発売二日前の七月八日の朝刊一面トップに、「牧野伸顕・内大臣の日記発掘─軍部台頭期の天皇の周辺 克明に」と大きな見出しが載り、他の面にもそれをフォローする記事が掲載されました。すると他紙やNHK、共同通信などからも取材の依頼が次々と来て、記事や番組で紹介されました。

七月十日に発売された『中央公論』はたちまち売り切れ、ついには増刷、これには中央公論社も驚いたようで、続く九月号でも牧野の日記を紹介しました。十一月に刊行された『牧野伸顕日記』も、六千八百円と一般向けの本としては高額でありながら、次々と増刷して計六千部、書評もずいぶんたくさん出ました。なかでも異色だったのは、吉本隆明《よしもとたかあき》氏が『マリ・クレール』で、金原左門氏が『週刊読書人』で取り上げてくれたことです。

牧野伸顕の日記で焦点となったのは、『中央公論』でも紹介したように、昭和四（一九二九）年の田中義一首相辞任の経緯でした。前年六月に起きた「満州某重大事件」（張作霖爆殺事件）の処理をめぐって、昭和天皇と牧野が田中に強い不信の念を抱いていく様子が日記の記述からひしひしと感じられます。七月八日の読売新聞は、次のようにまとめています。

昭和四年六月二十七日、満州某重大事件の処理について事件発生直後と異なった内容を上奏した田中義一首相に昭和天皇が「話が違う」と怒り、それがもとで田中が辞任したことは広く知られているが、牧野日記によると、①それが昭和天皇の一時の怒りではなく、田中は前年天皇に進退伺を出すなど不始末を重ね、天皇は田中への不信感を強めていた②上奏の一か月以上前に天皇はその内容を知り、田中から上奏を受けたときには「責任を取るか云々《うんぬん》」と反問していいか鈴木貫太郎《すずきかんたろう》侍従長に相談、それを知った牧野は元老西園寺公望の意向を聞き、宮内省首脳部で政変の可能性を予期しつつ綿密な検討をしていた③西園寺は上奏の二日前、そのようなお言葉は前例がなく「総理大臣の進退に直接関係すべし（関係するに違いない）」と反対したが、憲法学者である一木喜徳郎《いちききとくろう》宮内大臣から「今日の政状にては差し支えなし」と聞いて反対を和らげた。

六月二十七日の牧野伸顕日記は次の通りです。

首相一時半拝謁。愈々《いよいよ》前日の内聞を言上して退出したり。続いて御召しあり。今田中が満州事件に付上奏があつたが、夫《そ》れは前とは変はつて居ると云ひたるに、誠に恐懼《きょうく》致しますと二度程繰り返へし云ひ分けをせんとしたるに付、其必要なしと打切りたるに、本件に付ては其儘《そのまま》にして他に及べりとの御仰せなり。右謹んで拝承し御前を退《さが》りたり。首相扣《ひか》へ室にて侍従長と会談し、憂色を帯び拝謁の不始末を洩《も》らし、陸相よりの言上不十分なりし為め陛下の御納得を得ざりしを遺憾とする口気《こうき》を発し、陸軍側に責任あるやの意向を述べて辞去したる由。（後略）

この時、実際に天皇が田中にどういう言葉を発したのか、牧野の日記と『西園寺公と政局』の記述は微妙に異なっています。また「独白録」や木下道雄の『側近日記』に見られる戦後の天皇ご自身の記憶とも異なっています。

これを含め、牧野日記に示された昭和天皇像と、木戸の回想談や「独白録」に見られる昭和天皇像には、微妙な差異があります。

私はそれがやはり気になっています。私が昭和天皇について書かれたものでいいなあと思っているのは、真崎甚三郎の息子の秀樹さん、彼は昭和天皇の通訳だったので天皇の映像を見るとよくその後ろに控えていますが、真崎秀樹さんが語った『側近通訳25年――昭和天皇の思い出』（読売新聞社、平成四年）です。天皇に深い尊敬を払いながら、その「孤独感」や「我慢」に心からの同情を禁じ得ないでいる様子に同感するのです。

東條内閣をめぐって

天皇崩御の少し前からNHKとの仕事もしていました。最初は昭和五十八（一九八三）年から翌年にかけてで、高校講座「日本史」の近代を頼まれ、中村隆英さんと二人で分担して引き受けました。テキスト作成の段階で、ソ連関係でクレームがいくつか付き、特に朝鮮戦争が北の進攻で始まったと書かないようにと言われ、あきれ果て、嫌気がさしたのですが、結局放送では自由にしてよいということで妥協が成り立ち、一年間行いました。

翌年は断ったところ、翌々年の昭和六十年に古田尚輝《ふるたひさてる》氏から、昭和も六十年を迎えたので、昭和史の大型番組を作るから協力してほしいという要請がありました。「ドキュメント昭和」というシリーズの番組です。企画の相談の時に試案として出てきたのが、時系列な教科書のようなものだったので、それでは駄目だと言って、たとえばとして昭和初期のクルマ社会の幕開きというようなものを提案しました。

そのもとは、尚友倶楽部の理事長水野勝邦さんから見せていただいたフィルムにあります。父親直氏の昭和四年の葬儀のフィルムで、水野家の親戚でもある戦前の官僚・政治家だった長島隆二《ながしまりゅうじ》の経営する映画社が作ったものでした。いろいろな意味できわめて興味深いものです。

葬儀の行われた小石川《こいしかわ》の伝通院《でんづういん》には、時の総理大臣田中義一をはじめとする閣員たち、浜口雄幸、若槻礼次郎《わかつきれいじろう》をはじめとする野党の領袖、彼らが続々集まってくるのですが、なんとみんなフォードの車に乗ってやってくるのです。それから半世紀を過ぎて、日本車がアメリカ車を脅かして大問題になっている、こういうことを考えてみてはどうか、またこのような映像の時代の幕開きをテーマにしてもいいのではないかなどと提案しました。

そうやってすっかりかたちを変えた案が、私もその一人である諮問委員会、萩原延寿《はぎわらのぶとし》、細谷千博、緒方貞子、本間長世《ほんまながよ》、安岡章太郎《やすおかしょうたろう》各氏がメンバーでしたが、その諮問委員会で審議され、決定されました。すると、さすがはＮＨＫ、早速日本国中、世界中を取材に飛び回り、見事な番組を作り上げ、六十一年五月から九回にわたって「ドキュメント昭和〜世界への登場〜」として放映されました。第三回は「アメリカ車上陸を阻止せよ・技術小国日本の決断」、第五回は「トーキーは世界をめざす・国策としての映画」などで、さらに六十二年四月には諮問委員の座談会「今、昭和を語る」が放映され終了しました。

この番組と並行して、NHKのディレクター片島紀男《かたしまのりお》氏に協力したのが、「東條内閣極秘記録～密室の太平洋戦争～」という番組です。

片島氏は東條内閣についての番組の取材をしていて、防衛庁戦史部で「東條内閣総理大臣機密記録」を見つけ、それを書いた秘書官たちにアプローチしたのです。すると廣橋眞光《ひろはしただみつ》氏からは「東條英機大将言行録（廣橋メモ）」なるものが提供され、さらに秘書官の一人、鹿《か》岡円平《おかえんぺい》氏の遺族からはアルバムなどの提供を受けたのです。それで私に協力を求めてきたのですが、あまりに興味深かったこともあり、のめり込んでしまいました。片島氏とは初対面でしたが、急速に親密になり、絶えず接触しながら番組のロケ台本作りにも協力し、「キャスター兼解説者」をも務めることになります。

当初からNHKは、悪名高い東條を取り上げる企画に躊躇していました。客観的に作ったのですが、放映時間を圧縮されるなど、片島氏は苦労の連続で、直前まで本当に放映できるかどうか自信が持てない状況でした。ついに放映できた時は嬉しい気持ちで一杯でした。視聴率は十五パーセントもとり、評判になったので再放送もされました。

そのあと「東條内閣総理大臣機密記録」を復刻することになり、東京大学出版会の石井和夫さんがやる気になってくださいました。ただ記録の正本は法務省にあり、防衛研究所でも非公開になっていました。

もともとは、戦災を逃れるために廣橋氏が、自分の家と梨本宮《なしもとのみや》邸の間の松林に石油缶に入れて保存していたものを、東京裁判にあたって掘り起こし、同じく秘書官であった赤松貞雄氏を経由して弁護人の清瀬一郎《きよせいちろう》氏に渡したものです。結局使われないまま、清瀬氏の没後は法務省に寄贈され、副本一部が戦史部に移管されたのです。交渉の結果、法務省の正本ではなく、戦史部のものを底本にしたため、正本にはあった付属の別紙の一部は漏れてしまいました。

「東條内閣総理大臣機密記録」は、廣橋氏の手許にあった「東條英機大将言行録（廣橋メモ）」や、東條英機の三男の敏夫《としお》氏から提供された「東條メモ」とともに、廣橋眞光・片島紀男・私の編として出版することになりました。

平成元（一九八九）年にワープロ化の作業を始め、解説を書き、校正や人名索引作りでは田浦雅徳氏・加藤陽子氏・岸本昌也氏・長井純市氏の協力を得て、平成二年に『東條内閣総理大臣機密記録：東條英機大将言行録』として東京大学出版会から刊行されました。廣橋氏の強い希望から霞《かすみ》会館で記者会見を行い、多くのマスコミが集まり、その効果もあって順当に売れたと聞いています。

昭和六十一年から六十二年頃にかけて、NHKサービスセンターの本田彰《ほんだあきら》氏が中心になって進めたレーザーディスク「昭和史」全十巻を作成したのにも参画しました。各巻の解説書を書き、三国一朗《みくにいちろう》、斎藤次郎《さいとうじろう》、宇野千代《うのちよ》、陣内秀信《じんないひでのぶ》、石川泰司《いしかわやすじ》、戸井昇造《といしょうぞう》、亀井淳《かめいじゅん》、上《かみ》坂冬子《さかふゆこ》、猪瀬直樹《いのせなおき》などの関係者にインタビューしたのも、今となっては懐かしい思い出です。

これ以降、NHKとの関係はほとんどありません。

議会開設百年

平成二（一九九〇）年四月、国会図書館憲政資料室の非常勤の客員調査員になりました。大久保先生が長くこの職にあったのですが、ついに九十歳を迎えられ、後任に私を推薦してくださったのです。週一回月曜日に出勤して、『牧野伸顕日記』をともに編纂した広瀬氏らと相談しながら、なおいっそう、史料の収集に努めることになりました。

この年は議会開設百年にもあたっていて、国会図書館が中心になって展覧会を開催しました。「日本の議会100年―議会開設百年記念議会政治展示会」で、十一月二十九日に院内展示、三十日から十二月七日まで一般公開されました。前年の暮れには議会開設百年記念展示会協議会委員に任命されていましたが、この委員会はかなり形式的なもので、実際には憲政資料室を中心にしたチームが企画と実際の史料収集、展示の仕事をしていて、私はそのなかで相談を受け、アドバイスをしていました。

議会開設記念展示会はいつの頃からか、十年おきに開催されていて、私は昭和五十五（一九八〇）年の九十周年記念展示会から関わっています。五十五年の時に展示した史料は、明治期の星亨《ほしとおる》関係文書や、大正期の原敬関係文書など多岐にわたりましたが、何と言っても昭和期が充実していました。浜口雄幸日記、侍従武官長だった本庄繁の日記、新体制運動の中心にいた風見章の日記、陸相だった畑俊六の日記、東条英機のメモなどで、これらのうちいくつかは、のちに私が関わって翻刻・出版することになります。鳩山一郎の日記も、この時初めて人前に出されたものです。

議会開設100年記念シンポジウム。左から司会を務める著者、北岡伸一氏、村松岐夫氏、佐藤誠三郎氏

十年後の百年記念展示では、さらに充実の度を増し、佐藤栄作日記、石井光次郎日記、緒方竹虎《おがたたけとら》日記などが展示されました。また、この展示会の計画が報道されたことがきっかけとなり、たくさんの史料が提供され、幣原喜重郎《しではらきじゅうろう》内閣の内閣書記官長次田大三郎《つぎただいさぶろう》の日記は話題になり、そのほか鈴木茂三郎《すずきもさぶろう》、河上丈太郎《かわかみじょうたろう》、西尾末広《にしおすえひろ》といった社会党関係者の史料も注目されました。

戦後四十五年が経過し、戦後政治史が歴史の対象として見られるようになったこと、昭和天皇が亡くなったことにより、人々の心に一つの区切りがついたという感情が生じたことが、戦後史料の充実につながったのでしょう。

議会開設百年をめぐっては、他にもさまざまな催しが行われました。

衆参両院主催の議会開設百年記念シンポジウムでは、司会を務めただけでなく、報告者とパネリストの選定もしました。報告者は佐藤誠三郎君、北岡伸一君、村松岐夫《むらまつみちお》さん、パネリストは、衆参両院議長副議長の他、京極純一さん、ジョージ・アキタさん、ヨーゼフ・クライナーさん（ドイツ－日本研究所所長）、上坂冬子さん、佐々木隆君で、十二月一日、衆議院分館第十五委員室で行われ、成功裡《り》に終わりました。

佐藤君、北岡君の報告は見事なものでしたし、ジョージ・アキタさんの講演「外国から見た日本憲政の歩み」はユーモアに溢れ、実に素晴らしいものでした。シンポジウムでは、私が誘導的な質問をしたこともあって、社会党についてのかなりシビアな発言が多く、痛快ではあったのですが、最後には気の毒にすらなりました。

共産主義の終焉

昭和天皇が亡くなった頃は、世界も大きく動いていました。平成元（一九八九）年二月にはソ連によるアフガニスタン軍事介入に終止符が打たれ、十一月にはベルリンの壁が崩壊、十二月にはゴルバチョフ書記長とアメリカのブッシュ大統領が米ソ冷戦の終結を宣言しました。

翌平成二年には、ソ連共産党が一党独裁の放棄を宣言し、ゴルバチョフはソ連最初の大統領となりましたが、翌三年八月の保守派によるクーデターとその失敗を引き金とし、ソ連共産党の活動停止、事実上の解体、そしてソ連そのものの解体へと動いていきます。『文藝春秋』の求めに応じて、「『御用学者』の弁」という文章を書きました。少し引用してみましょう。

七十年以上権力の座にあったソ連共産党の解体は、確かにとうとう来るべきものが来たという感慨を以《もっ》て受け取ったが、スターリン批判以後次第に共産世界の変調を感じていたにもかかわらず、これほど急速にその日がやってくるなどとは全く予想しなかった。（中略）

共産主義の終焉《しゅうえん》（尤《もっと》もこれを認めたくない人々もあろうが）がどんなに大きな衝撃を人々の心の奥に与えるかは、寧《むし》ろこれからかも知れない。私は自民党の代議士の中にも、大企業の役員の中にも、共産主義に対するコンプレックスを持ち続けている人がいる事に驚かされて来た。多くのインテリにとって共産主義に対する態度をどう示すかは、「良心」の問題ともされてきたのである。これらの人々がこれからどういう態度をとるのかは、思想史の興味ある研究の対象でもあるだろう。（中略）

私は一九二〇年代以降の日本近代史の理解のためには、日本社会の特に知識層に深く浸透した共産主義思想（それは共産党という組織と一体のものである）のより深い研究が必要だという事を主張してきた。これに対して「神聖」なる党を研究の対象とする事自体に強い抵抗があり、とりわけその「転向」、多くの共産主義者が「新体制」派になった事実の指摘は、彼等を憤らせた。共産主義者に従わない者は「反共」主義者であり、「反共」は即ち「反動」であり、「天皇制」賛美論者であった。私は「反動的」歴史学者と指弾された。私はあえてそれに異議を唱えなかった。最近は「御用学者」の尊称を受けた。これは「共産党」の御用学者という意味では無論ない。何の御用をしているというのか不明である。共産主義の「御用学者」は「御用学者」ではないとでもいうのだろうか。または御用にもなりえないというわけであろうか。(後略)

例によってまた、言わなくてよいことまで言っているかもしれません。とにかく、昭和の終わりから平成の初めの数年間は内外ともに感慨深いことが多く、いろいろなことに区切りがついていきました。私の研究も、次のステップに入っていくことになります。

第11章　インタビューからオーラル・ヒストリーへ

『徳富蘇峰関係文書』

そろそろ東京大学定年後に話を進めたいのですが、その前に『徳富蘇峰関係文書』について触れておかなければなりません。

徳富蘇峰が明治・大正・昭和前期の日本を代表するジャーナリスト・文筆家・歴史家であることは、今さら言うまでもありません。結果的にも、これは私の研究生活の中でも大きな比重を占めるものとなりました。

昭和四十九（一九七四）年三月、東洋史の榎一雄《えのきかずお》先生が定年を迎え、その送別会の席上で、榎先生が私に、蘇峰の膨大な史料があることを教えてくださいました。史料を持っていたのは蘇峰晩年に秘書を務めていた塩崎彦市《しおざきひこいち》氏で、お嬢さんの高野静子《こうのしずこ》さんが日本女子大学で榎先生の学生だったというつながりでした。私が興味を示すと、榎先生は早速塩崎さんに紹介状を書いてくださり、それを手に神奈川県二宮《にのみや》の塩崎邸へ向かいました。塩崎邸の横には蘇峰堂という記念館が建っていました。

塩崎さんはなかなか難しい方で、史料の全貌を見せてくれず、少しずつ少しずつ出してくる。史料の大半は書簡で、蘇峰が亡くなる前に「おまえにこれをやる」と言われたそうです。彼は差出人別にその書簡を分け、いくつかの箱に入れていましたが、何しろその数は膨大で、ほとんど未整理といっていい状態でした。塩崎さんにお願いをして、坂野潤治君をはじめ成田賢太郎君、酒田正敏君らと、少しずつ写真撮影をしながら、整理をしていくことにしました。

蘇峰宛の書簡が貴重なのは、何と言ってもそのカバーする時代が長大であり、また発信人がさまざまなタイプの政治家、文筆家、学者、運動家、芸術家、ジャーナリズム関係者、軍人、官僚と多岐にわたり、内容も近代日本のほとんどすべての問題に関わっていることです。こういった史料はそうあるものではありません。

今でも忘れられないのは、初めて蘇峰文書を二宮に見に行った時、差出人別になっていた書簡の「な」の箱を見たら、まず中江兆民《なかえちょうみん》の手紙があって、そのすぐ下にはのちにインタビューをする中曽根康弘さんの手紙があったことです。

昭和五十三年に塩崎氏が亡くなり、遺産相続の問題が起きます。記念館を維持するために、榎先生が中心となって、塩崎家から土地の一部と建物、史料などの全部を譲り受けるかたちで財団法人徳富蘇峰記念塩崎財団が作られることになり、私も公共の利益になるとともに、いかに重要なものかといった書類を書いたりして働きました。

財団の設立認可が下りると、未亡人が最初の理事長となり、私も評議員になりました。高野静子さんは学芸員の資格を取って館の運営の中心となり、以後、仕事は彼女と連絡をとりながら進められます。ちょうど山川出版社の近代日本史料選書シリーズが始まったので、主要書簡はまとめて『徳富蘇峰関係文書』全三巻として出すことも決まり、文書の整理には三菱財団から「明治・大正のジャーナリズムと政治――徳富蘇峰関係文書による基礎的研究」というプロジェクトの名で助成を受けました。

当初、整理の中心になったのは成田賢太郎君で、彼が都立高校の教諭になって去った後には、柴崎力栄氏が中心となりました。二人の努力は大変なものでした。昭和五十七年には『徳富蘇峰関係文書』第一巻の編集と校正が進み、十月の刊行にこぎ着けることができました。

ところが、著作権に関する考え方の違いから榎先生との関係が悪化、感情的に二進《にっち》も三進《さっち》もいかなくなってしまい、第二巻の編集がスタートする前に私は、財団からもこの仕事からも手を引き、坂野君と酒田君に任せることになりました。その後、平成元（一九八九）年に榎先生が亡くなられ、翌年には財団の評議員・理事に復帰します。

高野静子さんは昭和五十五年から『國民新聞』に「蘇峰への書簡」を連載しはじめ、なかなか良い内容だったので中央公論社に紹介して、本にしてもらいました。『蘇峰とその時代――よせられた書簡から』（昭和六十三年）で、評判もよく売れたので、中央公論社に「続編を出せ」と言ったのですが、担当者はどうも蘇峰のことがあまり好きではなかったらしく、断られてしまいました。それでは仕方ないと財団で続編を出したところ、完売して重版となりました。高野さんはとても勉強される方で、静子という名前はたしか蘇峰夫人の名前をもらっていて、秘書の娘としてとても可愛《かわい》がられたと聞いています。

坂野・酒田両氏を中心に進められた『徳富蘇峰関係文書』は、昭和六十二年に第三巻を刊行して終結しましたが、徳富蘇峰記念塩崎財団の所蔵する書簡だけでも約四万六千点を数え、発信人は約一万二千人にものぼりますから、全三巻に収録することができたのは文字通り九牛の一毛に過ぎません。

東京大学定年

東京大学では学生たちにも恵まれて、教師としても幸せだったと言えるでしょう。学部の行政はほとんどやりませんでしたが、人並みに助教授、教授となって、平成五（一九九三）年には無事定年を迎えました。

大学の学部の講義は特殊講義でしたので、昭和四十六・四十七（一九七一・七二）年度は「昭和十三年近衛新党問題」、四十八年度は「大正政治史の諸問題」、四十九年度は「戦後史の一側面」、五十・五十一年度は「昭和史の諸問題」として、のちに『昭和十年代史断章』のもとになった話をしました。

五十二・五十三年度は「昭和期における政治と軍部」、それ以後は「昭和史の諸問題」として、一～三回ごとに、たとえば「昭和十年代後半の中野正剛」、「『大木《おおき》日記』と岸新党」、「佐野博《さのひろし》について」、「戦時下の大日本言論報国会」、「宇垣一成について」といったテーマを立てて話をしました。

昭和五十九年度以降は、大正末期から敗戦までの史料のコピーを毎回配布して、それを素材に話をしました。最初は入江貫一《いりえかんいち》の「政変思出草《おもいでぐさ》」を配布して「大正十三〔一九二四〕年加藤高明《かとうたかあき》内閣の成立」、定年となった平成四年度は『敗戦の記録』昭和二十年八月十二～十四日を配布して「ポツダム宣言の受諾」の話をしました。

ゼミは、そのときどきの新史料を素材にした学生の報告、質疑の形式でした。大学院のゼミも、史料や新しい研究成果を取り上げて、学生が報告・質疑を行うというもので、学部も大学院も優れた学生が多く、私が眼を開かされることも少なくありませんでした。参加者を見ると、今では日本近代史研究の第一線で活躍している人も数多く、留学生や他大学の学生で参加する人もいて、かなりの人数になります。

この間、他学部、他大学での非常勤講師も、多くはありませんでしたが、いくつか務めました。お茶の水女子大学、東大法学部、高知大学、琉球大学法学部、國學院大學文学部と大学院、九州大学、京都大学大学院、中央大学大学院、山形大学、立正大学などで、その大学の先生やゼミの学生とその後のお付き合いができたことも少なくありません。

定年の年の四月十一日には、かつての大学院学生の諸君が「伊藤先生還暦記念会」を開いてくれました。これは何より嬉しいものでした。会のために私のそれまでの来歴を記した『日本近代史——研究と教育』という冊子を作りましたが、中心になってくれたのは、佐々木隆君、有馬学君、福地惇君、三谷博君の四人でした。この四人はそのだいぶん前に、還暦記念論文集を作りたいと言ってきてくれたのですが、売れないから出版社に迷惑をかける、それならば君たちが編者になって論文集を作ったらどうか、と答えました。有馬学・三谷博編『近代日本の政治構造』、福地惇・佐々木隆編『明治日本の政治家群像』（どちらも吉川弘文館）がそれで、この日献呈されました。この二冊は比較的年長の関係者による論文集だったので、もう少し若い世代を私が集めて、『日本近代史の再構築』（山川出版社）と題する論文集も出しました。

著者の還暦記念会に飛び入りで挨拶をする犬丸義一氏。右奥が著者夫婦

学士会館で開かれた会では、照沼康孝君が司会を務め、有馬学君の開会の挨拶、ジョージ・アキタさんの乾杯の音頭、そして佐藤誠三郎君、高村直助さん、坂野潤治君をはじめ、たくさんの方の祝辞をいただきました。飛び入りで犬丸義一さんが挨拶をしてくださったのにも驚きました。

亜細亜大学から政策研究大学院大学へ

定年後の平成五（一九九三）年四月からは、亜細亜大学で学生を教えることになりました。当時学長を務めておられた衞藤瀋吉さんが、熱心に誘ってくれたのです。

同じ時に、他の大学からも声がかかっていて、昔からの付き合いもあり、一応話だけはと聞きに行くと権力の話とお金の話ばかり。すっかり嫌になってしまって、絶対に行きたくないと思いました。そうしたら、声をかけてくれた人から連絡がありました。

「伊藤先生、教授会で決まりましたよ」

「冗談じゃない。僕はOKしたつもりはありませんよ」

「だって、拒否してなかったじゃないですか」

「僕は他へ行きます」

「じゃあ、私がお詫《わ》びの作文を書きますから、サインだけお願いしますよ」

そんなこともありました。

亜細亜大学では、私のために日本文化研究所を作ってくれました。一般の学生向けの講義ももちろんやりまして、当たり前ですが、いろいろ勝手が違って東大での講義のように言いたい放題言っているわけにはいかず、戸惑うこともしばしばでした。でも、日本文化研究所という場所もあったので、それまでと同じように、たとえば山本勝市（一八九六〜一九八六）という戦前の右翼で自由主義経済論者の日記などの史料を復刻したり、他の史料を集めたりできました。山本勝市についてはかなりじっくり調べ、日本文化研究所の紀要に「山本勝市についての覚書」を連載し、その日記も出しました。

山本勝市はあまり有名ではありませんが、私としては小川平吉関係文書でその存在を知って以来、ずっと気にかかる存在でした。いわゆる革新派とは対極にあって、当時革新右翼のバイブルだった笠信太郎《りゅうしんたろう》の『日本経済の再編成』（中央公論社、昭和十四年）というベストセラーに対しても、真っ向から批判をしている。つまり、自由主義経済を守れ、という主張なのですが、これを読んだ鳩山一郎が非常に感銘を受けて、会いに行ったりしていることが、その日記に出てきます。

山本勝市の日記に辿り着いたのは、のちに政策研究大学院大学のプロジェクトでインタビューをした元行政管理庁長官小田村四郎《おだむらしろう》氏から、その兄の小田村寅二郎《とらじろう》氏を紹介され、そこで山本の日記が整理されていることを知ったからです。日記をコピーさせていただき、関係文書の全体は、のちにご遺族の了解を得て、憲政資料室に寄贈していただきました。ちなみに小田村さんのもとで日記を整理していたのが、のちに保守派の論客として活躍する八木秀次《やぎひでつぐ》氏で、この時初めて会いました。

亜細亜大学で二年ほど経つうちに、なんと学長の衞藤さんが追い出されてしまいました。追い出したのは瀬島龍三《せじまりゅうぞう》氏だという噂《うわさ》で、大学の中に怪文書が流れたりもして、かなり騒然とした雰囲気になります。

大学の中のゴタゴタというものは、どこでもあることなのかもしれませんが、東大にいる間は経験していなかったので、かなり驚きました。ここは長居するところじゃないなと思いはじめた頃、佐藤誠三郎君と御厨貴君に「こっちへおいでよ」と誘われたのが政策研究大学院大学でした。当時はまだ埼玉大学の大学院政策科学研究科で、次の年に大学になることが決まっていました。

そこで平成八（一九九六）年の夏に亜細亜大学を退職し、十月から西浦和《にしうらわ》の埼玉大学に、次の年からは虎ノ門の19森ビルにあった政策研究大学院大学に通いはじめました。この大学は今は六本木《ろっぽんぎ》の大きな敷地にありますが、当初は埼玉大学に間借りしていて、虎ノ門にも部屋があったのです。虎ノ門は小さなビルでしたが、同じビルの中には自民党の中川秀直《なかがわひでなお》さんの事務所もありました。その後一時期、新宿区若松町《わかまつちょう》の税務大学校の跡地に移ったりもしました。

埼玉大学に移ると、亜細亜大学の日本文化研究所は消滅し、紀要もなくなりました。困ったことに、「山本勝市についての覚書」は四回の予定で執筆していて、三回掲載されたところで雑誌がなくなり、この論文も未完となってしまいました。

オーラル・ヒストリーとは何か

木戸日記研究会、内政史研究会に始まった政治家・官僚へのインタビューは、その後もさまざまなかたちで途切れることなく続けていました。

平成四（一九九二）年から六年にかけては、科学研究費補助金重点領域研究として「戦後日本形成の基礎的研究」に参加しました。渡邉昭夫君を代表に、村松岐夫さんや五百旗頭《いおきべ》眞《まこと》さんがいました。

私はこの時、社会党代議士だった河上民雄さんら数人のインタビューをしたのですが、しばらく系統立ててインタビューをしないうちに、お聞きすべき対象の人物がずいぶん物故されていることを痛感しました。そこでこの延長線上に、御厨君と科学研究費によるインタビューを積極的に展開することになり、これが政策研究大学院大学のプロジェクトへと発展したのです。

プロジェクトでは、御厨君が「オーラル・ヒストリー」という言葉を使い出します。インタビューとオーラル・ヒストリーとは言ってしまえば同じことで、この当時アメリカを中心に、オーラル・ヒストリーという新しい言葉が用いられるようになっていました。私は最初、オーラル・ヒストリーという言葉は使いにくかったのですが、何か新しいことをやっているようなイメージもあり、御厨君が中公新書で『オーラル・ヒストリー』を書いたりもしたので、だんだんと定着していきました。

そもそもインタビューというものは、史料的には二次的なものです。自分のことを顧みてもそうですが、記憶で話すことは、大体が時期も間違えていれば、人名も間違える。よほど気をつけないと危ないデータです。ただ自伝や回想録を書く場合に、意識的にまたは無意識に無視することを質問で引き出せる可能性はあります。また一次史料ではその当時、当然のことになっていることは記録されませんので、当時の雰囲気であるとか、人間関係といったものはインタビューをしてこそ、得ることができる情報であることが多いのです。

もう一つ、口述史料は自伝とある意味で通じるところがあります。たしかに自伝は信憑《しんぴょう》性がきわめて高いものとは言えませんが、それでも後世非常に役に立ちますし、実際、渋沢《しぶさわ》栄一《えいいち》や高橋是清《たかはしこれきよ》の自伝など、とても良いものが残っています。その意味では口述史料は、放っておくと書かない人々に、自伝を書いてもらうお手伝いをする作業だとも言えるでしょう。

中曽根康弘インタビュー

中曽根さんのインタビューのきっかけになったのは、『中央公論』平成七（一九九五）年一月号の「戦後五〇周年特集・あの戦争とは何だったのか」という佐藤誠三郎君と私との対談でした。

敗戦から五十年経っても、われわれ日本人には戦争による「心の傷」が癒《い》えていないように感じられていました。だから相も変わらず、戦争で日本がやったことや戦後のその問題の処理の仕方について、バランスを失した自虐的な言論が横行している。これはあまりに残念なことであり、将来にとっても由々しいことだというのがわれわれ二人の共通する問題関心でした。

これを中曽根さんが読んでいて、文藝春秋からの要請に応えるかたちで、中曽根さんの世界平和研究所にいた佐藤君に、「君たちのインタビューを受けたい」とおっしゃったのでした。ぜひと、始めたのですが、佐藤君は対談的な気分でいるから、ちょっと違うよ、と言ったことがあります。「君が発言しても、中曽根さんの言ったこととして引用できないのだから、抑えて」と。

インタビューは、この年三月一日から翌八年二月二十八日まで計十一回、それぞれ三、四時間を費やして行われました。東京では、当時まだ砂防《さぼう》会館にあった中曽根さんの事務所で、軽井沢では中曽根さんの別荘で、私にとっては岸信介さん以来の元総理大臣のインタビューでした。

中曽根さんは、子供の頃の話、自転車に乗って憲法改正を訴えて当選した話など、かなり詳しく率直に話してくださいました。改進党の若手代議士だった時には、党総裁の重光葵なんて政治家として駄目だ、中曽根さん曰《いわ》く「ひじょうに守旧派だな、ほんとうに古いな」と思っていたようです。徳富蘇峰なども重光のことを、「長い間ロンドンにいたので、いつも霧がかかっていて、お天気だか曇りだかさっぱりわからない。外交史でも書かせておけば最適任」と言ったらしい。

こちらも、中曽根さんの東大の恩師にあたる矢部貞治の日記や、徳富蘇峰関係文書にあったご本人の手紙など、さまざまな史料を準備して臨みました。

中曽根さんはいくつも回想録を著していますが、このインタビューの時は、学生時代からずっとつけておられる日記や手紙、メモといった一次史料もたくさん出してくれました。話を聞きながら、「今、お話しされた事柄は日記に書かれていましたか」と聞くと、書いていたと答えて、その年代の日記を秘書に持ってこさせる。すると、話の内容と日記とがちょっとだけですが、ずれていたりしました。

インタビューはのちに、『天地有情《てんちゆうじょう》』（文藝春秋）という、いかにも中曽根さんらしいタイトルの本になりますが、お話の後に日記を挿入する、どちらを信じるかは読者にまかせる、という方式をとりました。『天地有情』には、蘇峰文書の手紙も収録されています。

中曽根さんの日記や史料は非常に良い状態で残っているようです。秘書の方に保存についても何度もお願いしましたし、中曽根さん本人を説得したりもしましたから、きっと大丈夫ではないかと思うのですが。中曽根さんの史料が後世に役立つよう保存されることを願ってやみません。

後藤田正晴オーラル・ヒストリー

最初の頃のオーラル・ヒストリーとしては、官房長官だった後藤田正晴さん（一九一四〜二〇〇五）のものが、やはり大きな仕事と言えるでしょう。御厨君が独自に、建設官僚の下河辺《こうべ》淳《あつし》さんのオーラル・ヒストリーをすすめていて、彼の紹介で辿り着きました。

聞き手は、私と御厨君と飯尾《いいお》潤《じゅん》君と牧原出《まきはらいづる》君で、中曽根さんのインタビューと同じ年の平成七（一九九五）年九月二十五日に始め、翌々年の十二月十九日まで計二十七回行いました。場所は、現役代議士だった時は第一議員会館の後藤田さんの部屋で、代議士をやめられてからは文藝春秋近くのビルにあった事務所でした。

後藤田さんははじめのうち、「なんで君たちは俺の話を聞くのか」と何度も尋ねたりして、突っかかってくるような感じだったのですが、三回ぐらい終わったところで、やっと納得してくださったらしく、その後はだんだんと親密になり、最後には「何でも聞いてください。何でもしゃべりましょう」という感じでした。もちろん、しゃべってまずいことは言わなかったと思いますが、それでも彼が経験したことの大半は語ってくれたような気がします。

後藤田さんは、内務省時代から戦後政治のなかで、つねに枢要な位置にいました。警察庁長官、内閣官房副長官、それから選挙に出て三木派との猛烈な戦争をして負けます。この時、選挙違反者をたくさん出して、それまでの取り締まる立場から取り締まられる立場になって、これが実に過酷なものだということがわかった、なんて言っておられます。その後、田中派として、中曽根内閣の内閣官房長官をやり、という話も非常に詳細に話してくださいました。

このインタビューは『情と理――後藤田正晴回顧録』という本になって、講談社から出版されました。その経緯については御厨君のほうが詳しいと思いますが、後藤田さんの秘書たちが各々いろんな出版社に話を持ち込んで混乱したため、御厨君と前から付き合いのあった講談社の豊田利男《とよだとしお》さんに委《ゆだ》ねたということのようです。

豊田さんからは、ある時こう聞かれました。

「伊藤さん、後藤田さんの本はどれぐらい売れたらいいと思っていますか」

「こういうものだから、一万部も売れたらいいんじゃないですか」

「へー、学者の考えることはそんなものですか。いいですか、これは売れるんじゃなくて、売るんです」

「どれぐらい売るつもりですか」

「上下各十万部売ります」

いやあ、すごいな、本当かね、と思っていたら、本当に各十万部売ったから驚きました。あとで、「いったいどういう仕組みで売るんですか」と聞いたら、「企業秘密です」と言われてしまいました。

後藤田さんは基本的にはハト派で、その点私とはちょっと合わない。憲法改正について話しても、「いずれは改正されるでしょうが、自分の目の黒いうちは変えてもらいたくない」と言う。本の出版記念会の呼び掛け人も、岩見隆夫《いわみたかお》氏と筑紫哲也《ちくしてつや》氏という顔ぶれでしたし、あとになって後藤田さんが勲一等旭日大綬章を授けられた時の祝賀パーティーも、朝日新聞のハト派路線の匂いのする会でした。「新しい歴史教科書をつくる会」で教科書を作った時も、後藤田さんが潰しにかかったという噂があって、私は腹を立てたこともありました。出版の打ち上げをした時には、「君たちには悪かったが、密《ひそ》かに身元調査をさせてもらいました」と明かされました。岸信介さんとは対照的で、後藤田さんはハト派だけれど、やっぱり警察なんだな、と思ったものです。

史料については、まったく出してもらうことができませんでした。食いつく余地もなかった。後藤田さんの場合、警察の史料など、どこまでが自分の史料と言えるか、難しいところもあるかもしれません。あの人のことだから綺麗に整理していたのではないかという気もします。

ただ、『情と理』がたくさん売れたことで、官僚の人たちが「後藤田さんがこれだけしゃべったのだから、自分も話して大丈夫だ」と思ってくれたことは非常によかった。その後にインタビューをする人々には、「後藤田さんがあんなにしゃべったのですから」と言ったのですが、このフレーズには大変効果があったようです。

このあといろいろな人にインタビューをしましたが、どんな人の話にも、中曽根さんや後藤田さんはたくさん出てくる。藤波孝生《ふじなみたかお》さんの時もそうですし、外務省の柳谷謙介《やなぎやけんすけ》さんもそうです。毀誉褒貶《きよほうへん》があっても、それだけの存在だということでしょう。それから同時期にやった奥野誠亮《おくのせいすけ》さんの時もそうでしたが、旧制高校と軍隊の経験の大きさにも気づきました。聞いていて重みが違う。相手が若く、それがなくなっていくと、インタビューも面白くない。

あとで気づいたことですが、インタビューをした方は内務省出身の方が多いのです。本当にたまたまなのですが、やはり内務省は当時いちばん優れた人材を集めた役所でしたから、政治家にも、役人として大成した人にも、ありとあらゆる分野にその出身者がいるということでしょう。他では外務省と大蔵省も、内務省とはタイプが違いますが、優秀な人材を集めていると感じました。

オーラル・ヒストリーの主な速記者になったのが丹羽清隆《にわきよたか》さんでした。その正確さは他の追随を許さないという感じがありました。よく勉強もしておられましたし、間とか雰囲気を再現する技術もお持ちでした。惜しいことに数年前に病気で亡くなられましたが、後藤田さんの時に出会って仕事をしてからは、主なものは彼に頼むことになりました。丹羽さんは、自分のいちばん最後の仕事として、伊藤さんのインタビューをまとめたいと言ってくれていましたが、それが実現できていたら、本書もまた違ったものになったでしょう。

第12章　竹下登、松野頼三、藤波孝生
――オーラル・ヒストリー①

平成十一年のオーラル・ヒストリー・プロジェクト

オーラル・ヒストリーが始まってからというもの、仕事はますます忙しくなりました。政策研究大学院大学のプロジェクトとして、最初は御厨貴君、飯尾潤君と一緒に聞き手になって進めていましたが、話し手から、さらに別な方を紹介されるなどして枝葉のようにひろがり、それぞれが別個にいくつものオーラル・ヒストリーを同時並行で進めることになったからです。

私は毎年、活動報告書を作っているのですが、たとえば平成十一（一九九九）年度はこんなふうになっています。便宜的に番号を振ります。

一、竹下元総理のオーラル・ヒストリーを進行したが、健康上の理由で中断中。

二、海原治氏のオーラル・ヒストリー、昨年度に引き続き月一回のペースで進行中。
三、田川誠一《たがわせいいち》氏のオーラル・ヒストリー、昨年度に続き月一回のペースで進め、平成十二年三月に第十九回で終了。なお同氏から提供された中曽根内閣自治大臣の時期の日記の活字化作業も進めている。
四、渡邉恒雄《わたなべつねお》氏のオーラル・ヒストリーは、整理の上『中央公論』平成十一年六月号まで八回、追加として八月号にも連載され、平成十二年一月に、御厨貴・飯尾潤両氏とのインタビュー構成として『渡邉恒雄回顧録』が中央公論新社から刊行された。
五、外交官オーラル・ヒストリーの内、本野盛幸《もとのもりゆき》・八木正男《やぎまさお》・宮崎弘道《みやざきひろみち》（途中まで）・吉野《よしの》文六《ぶんろく》（途中まで）の諸氏の分に参加した。いずれも原則月一回のペースで進行中。
六、毎日新聞前政治部長の岸井成格《きしいしげただ》氏のオーラル・ヒストリーを平成十一年十一月から始めた。これも原則月一回。
七、十一月に佐道《さどう》氏と沖縄に行き、前副知事吉元政矩《よしもとまさのり》氏のオーラル・ヒストリーを十数時間行った。
八、終了した奥野誠亮氏のオーラル・ヒストリーの編纂刊行を進めている。
オーラル・ヒストリーはたいてい、一人につき月一回のペースで行われますので、この時のように八人から九人が同時進行となると、一週間に二人のインタビューが重なることになります。事前に質問要項を作りますが、私の場合は佐道明広《あきひろ》君や梅崎修《うめざきおさむ》君、武田知己君らが作成してくれました。政治家なら多くは回顧録がありますから、いろいろな角度から読み込まなくてはならないし、インタビューが始まったら、前回の速記をよく読んで、矛盾はないか、言い淀《よど》んでいるところはないか、精査しなければなりません。結構これに時間がかかるのです。

しかも、仕事はオーラル・ヒストリーだけではありません。この年は『佐藤栄作日記』全六巻の最終巻の刊行、尚友倶楽部での史料収集・整理・刊行事業として『有馬頼寧日記』第二巻の刊行、『品川弥二郎関係文書』第五巻の刊行、『鳩山一郎・薫日記』上巻の刊行、児玉《こだま》秀雄《ひでお》、樺山資紀《かばやますけのり》、山県有朋、上原勇作の関係文書の整理や編纂などがあり、加えて政策研究大学院大学の仕事はもちろん、日本歴史学会理事代表や軍事史学会会長としての仕事もあり、さらには岐阜県史編纂委員長、秋田市史編纂委員も務めていました。山川出版社の日本史の教科書の執筆も続けていましたし、新しい歴史教科書をつくる会の理事としての活動も始めていました。

それぞれを話しはじめると切りがないので、ここでは平成十一年度のオーラル・ヒストリーを基点として、若干の説明をしていきたいと思います。

竹下登インタビュー

竹下さんには、兵庫県出石で開かれた斎藤隆夫の記念講演会で出会って、それが『佐藤栄作日記』の刊行につながった話は前にしました。これが平成六（一九九四）年、この五年前になります。

竹下さんは平成元年に内閣総辞職した後も、三年には自民党最高顧問に就任されるなど、依然として精力的に活動されていました。出石からの帰りの飛行機も一緒になって、ちょうどその時、政局は自社連立などということになっていましたから、どうしてこのあいだまで敵対していた自民党と社会党が連立できるのですか、と聞きました。すると、竹下さんは答えます。

「伊藤さん、それはね、簡単なことなんです。私は青年団でしょう。村山《むらやま》さんは労働組合ですよ。若い時にそういう運動をやっていた仲間なんですから」

竹下さんと村山富市《とみいち》さんは誕生日も五日違い、しかもほぼ同じ頃に政界入りした、いわば同期。生まれや育ちは違っても、同じ時代を過ごした二人の根底にはそういう共感のようなものがあったのかと驚いて、ぜひお話を伺わせてくださいとお願いしたのが始まりです。

『佐藤栄作日記』の刊行作業が軌道に乗った平成九年にあらためてお願いし、その年の十月に政策研究大学院大学が開学、「政策情報プロジェクト」の創設と同時に竹下登オーラル・ヒストリーを始めました。

左から講談社の豊田利男氏、竹下登氏、御厨貴氏、著者、速記者の丹羽清隆氏

実はこの頃、佐藤君との中曽根元首相のインタビューも進行中だったこともあり、政策研究大学院大学の開学式典では大変なことになりました。吉村融《よしむらとおる》学長が、式典に竹下さんを呼びたいと言うので、竹下さんの家に吉村さんを案内して了解を得たのですが、一方で佐藤君は、中曽根さんを呼びたいと言うので、仕方なく中曽根さんに手紙を書いて承諾を得ました。メインゲストが二人という面倒なことになったのです。

お二人に失礼がないように、まず竹下さんに話をしていただき、それが終わる頃に中曽根さんに会場に入っていただくという段取りにしました。ところが当日、中曽根さんは早く到着してしまい、竹下さんの挨拶にみんなが拍手喝采をしているあいだ、控室で「早くしろ、早くしろ」と待ちかねていたのです。武田知己君が中曽根さんにお茶を出したりして、何とかなだめようとしましたが。

竹下さんのインタビューはご自宅、旧佐藤栄作邸で行いました。

井《い》の頭《かしら》線池《いけ》ノ《の》上《うえ》の駅を降りて五分ばかりのとこ

ろで、玄関をあがると大広間に大きな円形の机があって、まわりにぐるりと椅子を並べてやりました。娘婿で秘書の内藤武宣《ないとうたけのぶ》さんと、『情と理』を十万部のベストセラーにした講談社の豊田利男さんが同席しました。出来上がったら講談社から出すことまで決まっていたようです。内藤さんは、もともとは毎日新聞の記者で、この人の息子が歌手のＤＡＩＧＯさんです。

部屋には窓から日光が降り注ぎ、「待たせるなあ」という気分を起こさせない絶妙のタイミングで、和服姿で現れる。竹下さんは、質問に対して非常に率直に答えてくれました。佐藤栄作氏から、いろいろな役人について、どこの出身で、どういう家系で、何年に東大を卒業して、どこの省に入って、いつ課長になって、局長になって、というのを全部覚えなさい、と言われて巻紙にして暗記した話に始まって、その後も、聞くと何でもトットットコトコ、「伊藤さん、質問にはありませんでしたが、こういう話もあるんです」とその先まで答えてくれる。

その回の話が終わると、同じ時期の政治問題についての解説もしてくれました。まあ、当たるも八卦、当たらぬも八卦でしたが。全体を通して、長期にわたる世話焼きによる人脈作り、下働きを通じて上の人から信頼を獲得する、政治目標を設定したら人脈を総動員して粘り強く実現する、そういう竹下さんの手法のようなものが何となくわかる話しぶりでした。時々お土産をくれたりもしました。「これは郷里のお酒です」とか。竹下さんの実家は造り酒屋で、「うちの母親は福本和夫《ふくもとかずお》の影響を受けていて、商品のお酒に『大衆』という名前を付けた」と言う。マルクス主義の理論家である福本和夫は、旧制松江高等学校の先生をしていた時代があって、その当時、竹下さんの母親が女学生だったそうです。

「これはキャッシュですけれども」と言って、現金をくれたこともありました。といっても、大蔵省で売っている貨幣セットで、五百円、百円、五十円、十円、五円、一円、全部合わせても千円にならない。「これくらいだったら、いいでしょう」と笑っていました。気が利くというか、人の気持ちをくすぐるようなことをする。

そういうインタビューを十数回やったでしょうか、平成十一年四月、竹下さんはご病気になって入院、冒頭の活動報告書にあげた通り、中断となってしまいました。きちんと聞いたのは、田中角栄内閣での官房長官のところまでで、創世会《そうせいかい》、経世会《けいせいかい》、幹事長、総裁、消費税問題、リクルート事件など、翌年六月に逝去されたので聞けなかった話がたくさん残ってしまって、本当に残念でした。まわりの人たちも、みんな再起すると思っていて、次回の質問要項まで提出してあったのです。

講談社の豊田さんが速記をまとめ、平成十三年に講談社から『政治とは何か――竹下登回顧録』という本になりました。内藤さんの強い要請で、音声テープも速記録もすべて竹下家に返却、新たに史料をいただくどころか、本しか残らないという結末でした。

私は今でも時々、竹下さんの「何とかだわな」というしゃべり方を思い出します。あの家も壊されてなくなってしまったと聞くと、なお懐かしくなります。

竹下さんのオーラル・ヒストリーと密接な関係にあるのが、福本和夫の息子である邦雄《くにお》氏のインタビューです。これは、平成十二年から三年間、断続的に十九回、御厨君と行いました。御厨君によれば、渡邉恒雄氏へのオーラル・ヒストリーの成果を読まれた福本氏が、人を介してアプローチしてきたとのことですが、福本氏は内藤武宣氏の親友であり、かつ竹下派に近い人物であったので、竹下さんのオーラル・ヒストリーの延長のような感じになりました。

長引いたのは、氏が途中で塀の向こうに〝落ちた〟からでした。私は何かの機会にお目にかかったこともあり、福本氏もそのことを覚えておられ、スムーズに始まりましたが、日本共産党の幹部の話は避けられてしまいました。ある時期から政界の裏方の仕事をされていたので、その関係のお話は実に興味深いものでした。

政策研究大学院大学のプロジェクトで作った冊子は、内藤武宣氏によってかなり整理されたもので、講談社から平成十九年に刊行された『表舞台裏舞台・福本邦雄回顧録』は、恐らく本人によってでしょうが、さらに整理されたものになっています。それでもきわめてユニークなものになりました。

政治家のオーラル・ヒストリーは他に、自民党田中派で国防族の有馬元治《ありまもとはる》さん、新自由クラブの田川誠一さん、民社党の竹本孫一《たけもとまごいち》さんと何人もいますが、いちばん面白かったのは、何と言っても自民党福田派の松野頼三《まつのらいぞう》さんでしょう。

松野さんへのインタビューは、平成十二（二〇〇〇）年度から始めました。有馬学君、佐道明広君、小池聖一君と、途中から武田知己君も加わりました。もともと小池君の友人が熊本の地方経済誌『くまもと経済』にいて、当時、細川護熙《ほそかわもりひろ》氏の秘書をされていた松野氏の息子の頼久《よりひさ》さん、二〇一五年現在は日本維新の会の代議士ですが、彼を介して依頼したのです。

インタビューは東京永田町のパレ・ロワイヤルの事務所で行いました。あの一角は政治家の事務所が入るビルがいくつかあって、パレ・ロワイヤルも、金丸信《かねまるしん》さんや渡辺美智雄《わたなべみちお》さんの事務所があったことで知られています。竹下さんや小渕恵三《おぶちけいぞう》さん、梶山静六さん、海部俊樹《かいふとしき》さんの事務所のあったTBRビルも近く、何やら怪しい感じです。

松野さんのご希望で、時間は昼の十二時、毎回、お弁当を食べながら始めました。テレビでは、その日の政治のニュースが流れる。森喜朗《もりよしろう》内閣の時ですから、加藤《かとう》（紘一《こういち》）の乱が起きて、しばらくのうちに森内閣がいよいよ駄目になり、橋本龍太郎再登板かと思っていたら、あれよあれよという間に小泉純一郎が自民党総裁になるというめまぐるしい時期で、松野さんがニュースを見ながら、解説と予測をしてくれる。これも竹下さんと同じで、当たったものもあれば、当たらなかったものもありました。それでも後世から見れば、十分史料的な価値があると思ったので、インタビュー終了後にまとめた冊子では、その〝解説〟を余さず収録し、加えて各回の末尾に注釈も入れました。

松野さんは当時八十三歳で、父親は衆議院議員で吉田茂と近しかった松野鶴平《つるへい》。頼三さんは戦時中は児玉機関にも関係し、復員後は吉田茂の秘書を経て衆議院議員になり、厚生政務次官、労働大臣、防衛庁長官、農林大臣などを歴任した後、昭和五十四（一九七九）年、ダグラス・グラマン疑惑で議員を辞職、その後一度の落選を経て三回当選し、平成二年に政界を引退していましたが、その当時でも隠然たる勢力があったようです。

松野さんに積極的に聞いたのは、佐藤派の構造についてです。佐藤派五奉行の一人ですからね。松野さんもかなり詳しく話してくれて、派閥とはこういうものかと納得していましたら、派閥は派によってかなり違うとも教えられました。

いくつも興味深い点があります。たとえば防衛庁長官時代の話では、前年にやった元防衛庁防衛局長、国防会議事務局長の海原治さんのオーラル・ヒストリーを読んでもらったら、予想通り、もうめちゃくちゃに批判する。次の回でも、「オーラル・ヒストリーって信じられませんね。こんな一方的な話をして」と、カッカカッカ怒っていました。

ダグラス・グラマン疑惑のあたりも、かなり面白かった。どこまで本当のことを言ったかはわかりませんが、商社の連中がどうやって政治家にアプローチしていくか、政治献金とはどのようなものかといったところも、綿密に話してくれました。松野さんの証人喚問に、

「岸信介の名前が出て来ませんね」と尋ねると、「私は一切、ひとことも岸という名前を出さない」との答えが返ってきました。この一言が残るだけでも凄いのではないかと思いました。松野さんは父鶴平氏の人脈にも助けられ、佐藤派から福田派へと保守本流を歩いたわけですが、その中で必ずしも主流になったわけではありません。最後は三木派の中にドボンと落ちた感じでもあって、福田派からも、おそらく三木派からも疎まれました。

話の途中で電話がよくかかってきて中断しました。「今の電話は小泉からだよ」という調子です。当時『週刊朝日』で年一回、暮れに「永田町の闇鍋《やみなべ》」という座談会企画が掲載されていました。松野さんを中心に鍋を囲むメンバーは、小泉純一郎、麻生太郎《あそうたろう》、鳩山由紀夫、鹿野道彦《かのみちひこ》、平沼赳夫《ひらぬまたけお》の諸氏、その後の小泉ブーム、そして民主党への政権交代を考えると、何とも不思議な感じがします。

話を聞いていると抱腹絶倒で、こんなのもあります。やはりダグラス・グラマン疑惑当時の話です。

武田　ちょっと飛ぶんですが、〔昭和五十四年〕五月になると松野さんが入院されてますね。

松野　入院した。

伊藤　それは政治的な入院ですか。

松野　政治的な入院だ。

武田　そのあいだに聴取を受けているのではないかという記事がたくさん出ています。いろいろなホテルに長時間入って、なかなか出てこない。新聞記者に追われて大変だったと思うんですが。

伊藤　あの入院というのはどういうふうにするんですか。

松野　懇意な病院に頼むんです。普通の病院では駄目だ。懇意な病院に裏口入院を頼むんです。名前も別名で、カルテもつくらない。病気じゃないんだから。

小池　このときは高血圧となっていますね。

松野　そう、高血圧ということにした。私は低血圧なんですけれどね（一同笑い）。

冊子にした時も、修正や削除はほとんどありませんでした。終わってからも寂しいような気持ちになって何回か会いに行くようなことになったのは、松野さんぐらいでしょう。結局、追加のインタビューを四回行って、冊子をもう一つ作ることになりました。

残念ながら、松野さんには史料というものがほとんど何も残っていませんでした。父鶴平氏の史料も、頼三さんは三男なので、ご長男のほうに行っているとのことでしたが、平成十六年に鶴平宛吉田茂書簡が十九通出てきたという連絡をいただき、早速コピーを取らせていただきました。十八年には訃報を聞くこととなります。

藤波孝生インタビュー

もう一人、政治家のオーラル・ヒストリーとして話しておきたいのが、中曽根康弘内閣を官房副長官、官房長官、国会対策委員長として支えた藤波孝生さんです。

藤波さんを紹介してくださったのも中曽根さんです。藤波さんはリクルート事件に引っ掛かって有罪となり、執行猶予中でしたが、とにかくインタビューをとお願いし、有馬君、小池君、佐道君、武田君と、平成十四（二〇〇二）年の十月から始めました。

藤波さんは伊勢《いせ》の和菓子屋の生まれで、私と数ヵ月違いの同い年、先祖は伊勢神宮の神官という家柄です。官房長官の時も、毎朝起きると「すまんけど、今日一日中曽根内閣頼む、助けてください」と言って、東西南北に手を合わせて拝んでいたといいます。

文教族でしたから文教関係の話が充実していて、義務教育廃止論なんてものもありました。当然ながら靖国参拝の懇話会、官房長官の役割といった中曽根内閣の内部事情など、興味深いものでした。

何回目の時でしたか、「政策研究大学院大学ができたときの話をします」と始められたことがあります。

藤波　（前略）私が伊勢に帰っているときに、吉村〔融〕先生から電話があって、「政策研究大学院が発足することになりました」という。「それはいいなあ、ありがたいなあ」といって電話で一緒に喜んだ。そのときに、「中曽根さんも来てくれるし、竹下さんも来てくれる」という話だった。だから「俗物がみな集まるのやな」と言った。政策研究大学院というのは何が魅力かといったら、アカデミックな雰囲気が魅力だ。アカデミックな雰囲気のないものは文部省の機関としては大失敗だ、ということをふだんからずっと思っていたので、そのことを申し上げた。（後略）

伊藤　そうですか――。中曽根さんと竹下さんを引っ張り出したのは、私でして（笑い）、まことに申し訳ありません。俗物を――。

小池　アカデミックな雰囲気を――。

藤波　ぶち破ったんやな。へえ。そんなことがあったですな。

伊藤　それは全然知りませんでした（笑い）。

藤波　知らんこともあると思う。

伊藤　私の責任ですね。

藤波　俗物の固まりだ。

伊藤　いや、先生、中曽根派じゃないんですか。

藤波　政策研究大学院のためを思ってそう言ったんだ。

伊藤　それは学長〔吉村氏〕によく言っておきます。

藤波さんは不思議な人で、中曽根さんのことを「俗物だ」「人を見る目がない」と貶すような口ぶりで言うかと思うと、こんな感じの話が出る。これは昭和五十六（一九八一）年七月になぜアメリカに渡ったのですか、との質問に答えて。

藤波　アメリカに次〔の日本の総理〕は誰だということを決めないと、日本はならんものだから。

伊藤　じゃあこのときは、中曽根さんになると思っていたんですか。

藤波　なった方がいいと思った。

伊藤　I hopeですか（笑い）。

佐道　それは先ほどの鈴木さんの発言で困ったことだと思われたところから来ているわけですか。もう中曽根さんに次をさせないと——。

藤波　それもあるし、もっと中曽根康弘が好きで、次は中曽根にやってもらおうということで出かけていった。

伊藤　じゃあ中曽根の売り込みじゃないですか。

佐道　いままでの話だと、そんなに中曽根さんがよかったのか。もうちょっと距離を取っておられたような感じがしたんですが（笑い）。

藤波　政治の世界というのは、学者の世界とはまた違うからな（一同笑い）。理屈通りには行かないんだ。

しかし糖尿病を患って体調が悪くなると、短い答えと繰り返しが増え、内容が粗《あら》くなっていきます。秘書の平松大輔《ひらまつだいすけ》さんが通訳のようなかたちを務めてくれ、ご本人も頑張ってくださいましたが、記憶が薄れたのか、とぼけておられるのかわからない、ほとんど禅問答のような調子の時もありました。

第十三回までを終えて、藤波さんが入院されたと聞き、ここまでで冊子にまとめるしかないなと思っていたところ、藤波さんからどうしても最後にもう一回話したいと連絡があり、平成十六年十月の第十四回は伊勢のご自宅で行いました。しかも、この回の質問要項は、リクルート事件から始まって、政治家としての四十年を振り返るというものでした。

声を出すのも苦しい状況で、お話しになりたいことがあるのに十分話すことができない。聞き取りもかなり難しく、奥様と弟さん、それから平松秘書の助けを借りて、ようやく録音・文字化することができました。

リクルート事件については、やはり非常に曖昧《あいまい》な話に終始したように思われます。

藤波　中曽根政治が終わって、中曽根時代に何があったかということをいつも考えていた。（中略）中曽根は嫌いだという人が多かった。嫌いなら嫌いでいい、中曽根を好きになるのは国のためやと言うた。（中略）自民党からも誰か出せという話があって、藤波の名前が出て来た。俺は事実は知らんけれども、中曽根時代に起こったことだから、俺が相手になってやる、さあ来い、と俺は思った。

伊藤　そんな自信があったんですか。

藤波　うん。さあ、来いと思った。問題は誰も、上も下も傷つかんことが一番いい。そんな馬鹿なこと、俺一人で十分や、という思いがあった。だから、さあ、来いという気持ちだった。

伊藤　でも初めの頃、いろいろな人の名前が出て来て、藤波さんの名前はほとんど出て来なかったじゃないですか。

武田　中曽根さんが出て、宮澤さんが出て、安倍さんの名前も出ました。

伊藤　次から次へといろいろな人の名前が出てくるけれど、藤波さんの名前は出て来ない。でも藤波さん自身は、自分は危ないかなとは思わなかったんですか。

藤波　思わなかったな。

伊藤　じゃあ、相手にしてやるというときは、自信があったんですね。

藤波　そうそう。

伊藤　それじゃあ、どこでやられちゃったんでしょうね。

藤波　わからんな。

身代わりになろうとしたということなのか。一緒にインタビューをした有馬君や武田君は、「俺が自民党を救ってやろうと思った、という言い方だった」「わかるでしょ、という感じだった」と取りました。

藤波さんの伊勢の事務所は、段ボールの山になっていました。検察が押収品を返してきたのです。藤波さんが見たくもない、捨てたいと言うので、すべてをもらうことにしました。中には、家の鍵、別荘の鍵、貯金通帳、印鑑、写真のアルバム、あらゆるものがぐちゃぐちゃに入っていました。アルバムは、「江副《えぞえ》〔浩正《ひろまさ》〕と一緒の写真でも探したんだろう」とのことで、官房長官時代のスケジュールや予算の時期の各省、議員連盟からのさまざまな書類などもあり、史料として非常に充実していました。

広がるオーラル・ヒストリーの対象

他にも印象に残ったオーラル・ヒストリーは数多くあります。

元自治大臣の田川誠一氏（一九一八〜二〇〇九）のオーラル・ヒストリーは、楠誠一郎氏、田中善一郎《たなかぜんいちろう》氏、佐道明広君を聞き手に、憲政記念館の伊藤光一氏と作業を進めていました。ところが田川氏が亡くなったため頓挫してしまい、関係文書の整理も秘書の人がやるというのでいったん返却したのち、しばらくして連絡がつかなくなります。

また、平成十九（二〇〇七）年には、富山大学の清家彰敏《せいけあきとし》氏からの話で、畑中富夫《はたなかとみお》氏のインタビューをすることになりました。商人で経営コンサルタントになった方で、私のオーラル・ヒストリーの対象としては初めてのタイプでした。このインタビューは翌年、『一商人・コンサルタントの回顧録――畑中富夫オーラルヒストリー』という本になりました。

畑中氏の息子さんが、平成二十六年に金融庁長官を退任した畑中龍太郎《りゅうたろう》氏で、その夫人聰子さんの実家が横須賀《よこすか》の「さいか屋」の岡本《おかもと》家でしたので、今度は聰子さんの父親の岡本徳彌《とくや》氏のインタビューを行いました。さいか屋の次男で、相模《さがみ》運輸倉庫会長になられ、横須賀を中心にさまざまな名誉職、社会的な活動をなさった方で、これまた私のまったく知らない世界のお話を伺い、平成二十一年には『岡本徳彌オーラルヒストリー』という本になりました。

岡本家は田川家と親戚関係だったので、田川誠一氏の長女で岡本家に嫁した岡本伸子さんと連絡がつき、お聞きしたら田川さんの関係文書のうち、日記のみが残されているということで、それについて話し合いを進め、日記・手帳などを憲政資料室に寄贈していただけることになりました。

第13章　海原治、渡邉恒雄、宝樹文彦……
――オーラル・ヒストリー②

海原治インタビュー

海原治さん（一九一七～二〇〇六）のインタビューも、この頃のことです。

海原さんは内務省出身で、防衛庁の防衛局長や内閣国防会議事務局長を務め、戦後の防衛政策を知る上では欠かせない人です。防衛庁時代は「制服」組と真っ向から対立し、権力を振るうとされたことから、陰では「海原天皇」とまで呼ばれていました。松野頼三さんのインタビューにも登場しましたが、防衛政策に関わった人に話を聞いて海原さんに触れない人は、まずいない。一般的には、山崎豊子《やまさきとよこ》さんの小説『不毛地帯』の貝塚《かいづか》官房長のモデルと言えば、わかる方がおられるかもしれません。

大蔵官僚出身の政治家、相沢英之《あいざわひでゆき》さんのインタビューでも、海原さんについては批判的に言及していました。昭和三十年代後半から四十年代にかけて、自衛隊の兵器国産化問題が、いかに大きな問題だったかということでもあるのでしょう。相沢さんは大蔵省の主計の立場ですから。

平成十（一九九八）年六月に、後藤田正晴さんの『情と理』の出版記念会が行われ、海原さんとはその席で名刺交換をし、オーラル・ヒストリーをお願いしたところ快諾してくださり、早速十月から始めました。聞き手は飯尾潤君、佐道明広君、河野康子さん、牧原出君、最初は御厨貴君も出席して、おおむね月一回のペースで続け、平成十二年六月の第二十回で終了しました。

たしかに、なかなか強烈なキャラクターで、とにかく批判精神が旺盛《おうせい》でした。一回目にはまず、人物事典に載っている自分の情報がいかに間違っているか、という話をされました。たとえば防衛局長から「国防会議事務局長に左遷」となっている記述について、こう言います。

「『左遷』ではありません。栄転だと言っているんです。なぜか。私のあと、二代続いて元事務次官が来たんです。前次官が来た。だから私は、次官になるのを通り越して行っちゃったんです。これは左遷とは言わないでしょうね」

毀誉褒貶があって、防衛局長から防衛事務次官になるはずが、彼の個性がそれを妨げたというのは本当でしょう。悪く言う人はたくさんいますが、その批判精神は軍隊生活の経験から来るもので、私は面白いと思ったし、言っていることは非常にごもっともだと感じました。

兵器国産化問題、「三矢《みつや》研究」（昭和三十八〔一九六三〕年に極秘で行われた自衛隊の図上演習）、防衛大綱についてなどなど、海原さんの政治家、制服組批判は止《とど》まることなく続きました。人それぞれの立場で言い分があると思いますが、その批判には、筋が一本ちゃんと通っていると感じました。

防衛庁長官だった松野頼三さんへの海原評は次の通りです。

海原　今でも松野氏は長老ということで喋《しゃべ》っているけれど、あんなのが長老で顔を出すのがおかしい。昔を知っている新聞記者だったらわかるんです。今の新聞記者は佐藤（栄作）の「四奉行」の一人だった、それだけですからね。奉行にもいろいろありまして、代官にも悪代官がいるようにね（一同笑い）。

海原さんの評価がいちばん厳しかったのは、何と言っても中曽根康弘さんです。第十九回のインタビューは、こんなふうに始まっています。

海原　今日は中曽根君のことがあるので、いろいろ用意して来たんです。資料を用意しないと、言葉で言っても、海原は中曽根が嫌いだからこういうことを言っているんだろう、ということになる。それで証拠物件を持って来たんですが（中略）。

伊藤　嫌いなんですか。
海原　嫌いですよ。嫌いであることは間違いない。
伊藤　そうですか。僕は昨日会ってきたものですから（笑い）。
海原　こういうものはご存知ないでしょう。手が込んでいるんです。英文で配っているんです。各国に送っているんですから〔産経新聞・昭和五十七年十一月三十日付「『中曽根政治信条』各国に送る」のコピーを配布〕。とにかく知能犯で、大変な存在ですよ。これほど信用できない人間はないですな。
伊藤　それは、海原さんが役人として、政治家である中曽根さんを信用できないという意味ですか。
海原　いやいや、個人として、人間として。だって、この前お話ししたように、警視庁時代から知っていますからね。政治家になる前から知っています。

「中曽根君」と言っている通り、海原さんは内務省で中曽根さんの二年先輩にあたります。そして中曽根さんの防衛庁長官時代と、海原さんの国防会議事務局長時代が重なる。中曽根長官時代、「国防の基本方針」の改定問題、四次防策定問題などがあって、これらをかなり詳しく聞きました。海原さんは徹底的に、中曽根さんの防衛政策の、ある種「スタンドプレー」的な要素を「ぶっ潰し」「取り除いて」いきます。もっとも、海原さんが「ぶっ潰した」のは、中曽根構想のみならず、「赤城《あかぎ》構想」ほかたくさんあるのですが。かなりしつこく聞きましたし、海原さんもそれに一つひとつ答えてくれました。

二十回のインタビューが終わって、そのすぐ後に海原さんは脳出血で倒れ、数年後に亡くなられました。海原さんの奥様には「伊藤先生があまりしつこく聞いたものだから」と恨まれてしまいましたが、海原さんも言いたいことを言うことができたのではないかと思っています。海原さんはたくさんの史料を残されていたので、奥様を説得して、ずいぶん出していただきました。マル秘と書かれた文書だけでもダンボール何箱かになります。

海原さんから始まって、元内閣国防会議事務局長の伊藤圭一《いとうけいいち》さん、元防衛事務次官の夏目《なつめ》晴雄《はるお》さん、元防衛施設庁長官の宝珠山昇《ほうしゅやまのぼる》さんと、防衛関係の方々のインタビューを続けました。この方々に共通しているのは、各々が一所懸命やっているけれど、憲法で自衛隊を軍隊ではないと規定しているがゆえに、どうしても越えられない一線があるということで、話を聞いていて、非常にもどかしく思うことが多くありました。

渡邉恒雄インタビュー

次は渡邉恒雄さんのインタビューの話をしましょう。

言うまでもなく読売新聞グループの会長で読売新聞主筆、平成十一（一九九九）年当時は、読売新聞社の社長でした。政策研究大学院大学のプロジェクトの一環として、御厨君から申し込んで始まったものだったと思います。メンバーは御厨君と飯尾潤君と私で、平成十年八月と九月に、一回三時間以上になるようなインタビューを計十回、集中的に行いました。御厨君と親しい中央公論社の白戸直人君が頑張って、その年の『中央公論』十一月号から翌十二年六月号に「渡邉恒雄政治記者一代記」として連載されます。

何と言ってもこの時は、連載中に中央公論社が読売新聞社の傘下に入って中央公論新社になるという事件があって、びっくりしました。私や御厨君が合併劇に絡んでいると疑われたりもしましたが、もちろんそんなことはありません。『渡邉恒雄回顧録』の「まえがき」で、渡邉さんは次のように書いています。

「このロングインタビューの企画を持ちこまれた時、私は読売新聞社と中央公論社との事実上の合併など夢にも考えていなかった。しかし、編集者の熱心な態度を見ているうちに、『中公』への愛着がつのり、嶋中雅子《しまなかまさこ》夫人（当時社長）との重要な話し合いに突入、決断したことは、大きな副産物である」

のちにナベツネさんは、「伊藤さん、申し訳なかったけど、君らに何の相談もせずに中公を合併した。お詫びに一席設けるから」と言って、聞き手の三人を東京ドームの貴賓席に招待してくれました。日米対抗試合か何かで、何とかいうバッターが一本打つのを見ればそれでいいんだと言っていて、それを見届けると食事に出掛けました。

ナベツネさんは言いました。

「いやあ、君らの質問は厳しいからな」

「そんなわけないでしょう。僕はいつもにこにこしてお話を伺っていましたのに」

「そんなわけない。言いたくないことまで言わされてしまったよ」

たしかに結構話してくれて、あとになって話しすぎたと反省したらしい。自分で自伝を書いたらこうはならないけれど、一度口から出たものは引っ込まない。インタビューだからこそできることでしょう。

ナベツネさんは厳しい質問に耐えて、あげくのはてに「わが青春日記」まで提出させられます。学徒動員の後、東京大学に復学し、共産党に入党したことについて聞いた時です。

「共産党の東大細胞の時の記録はありませんか」

「見せられるわけがないだろう」

なんでもラブレターがいっぱい貼ってあるらしい。

「そんなにもてたんですか」

「ものすごくもてた。だけど、俺は二十四歳まで童貞だったんだ」

本当かな。

「ではラブレターのところを外してコピーしてくれませんか」

ナベツネさんは、だいぶ渋ったあげく、

「じゃあ、そうするか」

と言うけれど、ご自分はコピー機の使い方がわからない。

「では、どうやってコピーするか、誰かに教わってください」

そう言ったら、本当に秘書にコピー機の使い方を一から教わり、自分でコピーをとってくれました。

ナベツネさんは読売新聞入社後、まず『読売ウイークリー』に配属されます。昭和二十六（一九五一）年六月、鳩山一郎がまもなく公職追放を解かれるから「鳩山邸の二四時間を書け」と言われ、鳩山邸に一日中張り込みましたが、家には入れてくれないので、ずっと玄関前でしゃがみこんでいたそうです。鳩山が脳溢血で倒れた日も鳩山邸にいたのです。

渡邉　（前略）あの鳩山さんが倒れた日は、一九五一年六月だったな。追放解除後、吉田の自由党傘下に入るか、それとも新党をつくるかについての議論を鳩山邸の離れでやっていた。（中略）そして大議論の最中、鳩山さんがトイレに行く。なかなか出てこない。薫夫人がおかしいと思ってトイレに行ったら、倒れていたんだ。（中略）倒れたんだから、にわかに人の出入りが激しくなる。庭の入り口で見てるからよくわかるんだ。そのなかで、薫夫人が庭の真ん中にデーンと立っている。女中が氷嚢《ひょうのう》や枕などいろいろなものを持って行ったりきたりしている。それを薫さんが威厳をもって指揮しているんだ。これはただごとではないと思って、離れから出てくる人たちに「何が起きたんですか」と聞いていった。しかしみんな言ってくれない。のちに親しくなる大野伴睦《おおのばんぼく》も口をきいてくれなかった。ただ岩淵辰雄だったかな、「病気になったのは鳩山家の人ですか」と聞くと、「鳩山家のものではない」と強く言われたことだけは覚えてる。

これは大事だ、と思ってデスクに電話をすると、「死んだのでなければいいよ。戻ってこい」と言われ、結局その場にナベツネさんがいたというのに、読売新聞は「特落ち」になったとかで、「なぜ政治部に連絡をしなかった」と怒られたそうです。

ここにあるように、大野伴睦はその後、ナベツネさんにとって、単に番記者としての付き合いを超えた、父親のような存在になります。この時代の政治記者の政治家への食い込み方は、やはり凄くて、ナベツネさんは池田勇人内閣時代、大野の自民党副総裁実現のために奔走したりもしています。まさに政治の歯車の一つとなって動いている。すべてを賭《か》けるに足る政治家がいたということなのかもしれません。

昭和三十九年に大野が脳溢血で倒れ、入院します。

渡邉（前略）大野伴睦が権力を維持するためには、彼が元気であり、しっかりと意志表示できるという証明が必要だった。それで山下さん〔秘書〕と僕とで画策して、まず面会謝絶にする。そして大野伴睦が毎日俳句をつくっていることにして、それを記者会見で発表するわけだ。（中略）実際は元気であるわけがない。だからこの俳句は、多少心得があった第三秘書の石原某に「おまえ、俳句つくれ」と言って、毎日つくらせていたんだよ。「鳩が窓の側にやってきてどうのこうの」っていうやつだったけれどね。（笑）

――病状は読売新聞社にも伝えていなかったのですか。

渡邉　この大野伴睦の病状だけは、会社にも同僚の記者にも言わなかったよ。死ぬまで誰にも言わなかった。

亡くなった後、そうやって秘書につくらせた俳句の一つを、池田勇人氏が皿に書いて、選挙区や関係者に配った。誰にもわからないと思っていたら、伴睦の俳句の師匠だった富安風生《とみやすふうせい》が、「大野は必ず季語を入れて俳句をつくった。これはおかしい」と。

インタビューをしていて、実際、ナベツネさんはよく勉強している人だと思いました。彼の著書『派閥』なんかは今でも十分通用する。大学の政治学の教材として使われているというのも肯《うなず》けます。

ナベツネさんが、社内のライバルを蹴飛《けと》ばしながら組織の頂点に上っていくさまも、手に取るようにわかりました。

ジャーナリストのインタビューとして、続いて毎日新聞政治部の岸井成格さんも始めましたが、残念なことに途中で彼がどうにも忙しくなって中断となりました。

宝樹文彦インタビュー

労働運動関係のインタビューで抜群に面白かったのが宝樹文彦さんです。

宝樹さんは戦後労働運動のリーダーの一人で、昭和三十四（一九五九）年から十年以上にわたって全逓信労働組合（全逓）の委員長を務め、日本労働組合総評議会（総評）の結成と太田《おおた》薫《かおる》・岩井《いわい》章《あきら》ラインの構築、労働戦線統一においても、主導的な役割を果たしています。

宝樹さんとの関係は実は古くて、内政史研究会でも一度話を聞いています。この時も「危ない」話をたくさん話されていて、ご自分でもこのまま印刷されたらまずいとお考えになったのかどうかわかりませんが、手を入れるためにお渡しした第一回の速記録は、どなたかに貸したまま行方不明とのことで、有耶無耶《うやむや》になってしまいました。

平成十一（一九九九）年から三年、計十七回にわたって、梅崎修氏、手塚《てづか》和彰《かずあき》氏、有馬学君と、いわば第二次のインタビューを行いました。宝樹さんは、第一次に輪をかけて「危ない」ことをしゃべりまくりました。一例を挙げれば、全逓の選挙マニュアルというか、選挙違反マニュアルです。選挙の時にポスターを作りますが、決められた数の二倍も三倍も作る。昭和三十年前後の話です。

宝樹　（前略）あの当時は選挙のポスターに穴を開けるんですね。ブツブツ穴が十何個ある。その穴に合わせて穴開け棒を作った。あのときは全国区、ポスターを全国に配るんですよ。だから、ポスターをうんと配らなきゃいかん。全国へ配ったら幾らもない。十何万持ってきて、トンカチで、トンカン、トンカンと穴を開けて、穴を開けたポスターを十何万全国に配った。これは見つかったらコレ（逮捕）です。ところが見つかるんだね。政府のポスターは機械でパーンとやって、跡が出ないんだよね。ところが、トンカン、トンカンやってあるのは、どうしたって跡が（笑）。トンカチは吾妻橋《あづまばし》の上からポーン。穴を開けるやつはどこへ持っていって捨てたか知らないけど、ポーン。見事に闇のポスターを作りました。今言ったって逮捕されないから、みんな言っちゃう。

伊藤　もう時効の話だから（笑）。

宝樹　その次の三年後の選挙は、今度はばれたんだね。そういう穴を開けるインチキがいる。郵便屋の宝樹の野郎だと。政府も選管も見事なものです。穴を開けようと思ったら、穴がない。「あれ？　ねえじゃねえか」。今度は証紙を貼るんだという。切手みたいなやつをピタッと貼って、これでなければだめだという証紙が来るわけです。また、この証紙を貼って全国に配るわけよ。やったねえ（笑）。全部貼って出したけれど、貼らないやつをまたぶん投げて、それは全部はじっこが切れているの。切れているやつは全部証紙を貼ってない。ところがちゃんと全国に、「全逓の参議院議員のポスターは、必ずこの端の三角のところへ切手大の証紙を貼るべし」と指示が出ているわけです。全国、正式のやつはみんな角の三角の位置に貼り付けて出ている。正式でないやつは、ここが切れて飛んでいるわけです。そうすると、中央でもって警察からやられたと言うので、「なぜ警察に文句を言われるんだ。全逓はちゃんと貼っているのを渡しているのに、全逓の選挙を妨害するやつがこれをはがしているはずだ。その犯人を捜せと警察へ逆に文句を言ってこいっ」と（笑）。えらい話ですよ。

こういう話のオンパレードでした。

総評系の宝樹さんの話は、要するに労働運動が共産党系からどうやって切れていったか、どうやって共産党の方針とずらしていったか、ということに集約されます。そのように話をされたわけではありませんが、そういう内容です。社会党の内部対立の話、総評が出した週刊誌『新週刊』の創刊と廃刊の話、岩井章の人柄や高野《たかの》実《みのる》体制から太田・岩井体制への移行過程の話なども、ずいぶん物騒なものでした。

宝樹さんは同時期に、雑誌『進歩と改革』に戦後の回顧録を書いていて、『証言戦後労働運動史』という本になりましたが、これは表向きのことだけで、インタビューとはちょうど裏表になっています。インタビューが終わってから、本にしますか、それとも市販はしない冊子だけにしますか、と聞いたら、「これは冊子にしてください」と言いました。それはそうだな、と思いました。

宝樹さんはすごく率直で、生活を楽しんでいる感じがありました。いつもお洒落《しゃれ》な格好で、ブランド物のスーツを着ているけど、背が小さいものだから、上着の裾《すそ》を切ってしまっている。だから、ポケットが上着の一番下にかろうじてくっついている状態。あんなの初めて見ました。

労働運動の歴史を聞く

労働運動関係者のインタビューでは、同盟の初代会長だった天池清次《あまいけせいじ》氏も印象に残っています。

昭和五十八（一九八三）年に論文「旧左翼人の『新体制』運動」を書いた時、竪山利忠氏と川崎堅雄氏にお話を伺ったのですが、その時から、戦後の労働運動史の中で不当に低く評価されている反共民主的労働組合関係者に聞かねばと思っていました。

たまたま平成十二（二〇〇〇）年四月に、中野サンプラザで開かれた「和田耕作先生の出版を祝う会」に出席し、冒頭お祝いの言葉を述べましたが、そこで長らく民社党本部に勤められていた富士社会教育センターの黒沢博道《くろさわひろみち》氏に紹介され、それが天池清次氏のインタビューにつながります。

天池清次氏のインタビューは、平成十三年四月から約一年、毎月一回行いました。聞き手は、黒沢氏の他に、梅崎修・季武嘉也の両氏に加わってもらいました。

戦後の労働運動の中で、一貫して反共民主的労働組合の中心を歩んで来られた天池氏のお話は地味ではありましたが、本格的なものでした。氏が会長をリタイアされた後、官公労を中心とする総評と合併して連合となったのですが、そのため内部対立が激しくなって、労組の存在感が失われたことを残念に思っておられることも印象的でした。これは平成十四年に『労働運動の証言』として刊行され、吉川弘文館で長年お世話になった渡辺清《わたなべきよし》氏が創立した青史出版に発売元になってもらいました。

続いて黒沢氏の提案で、同盟の次の会長、ゼンセン同盟の会長であった宇佐美忠信《うさみただのぶ》氏のインタビューを行いました。聞き手は私と黒沢・梅崎両氏で、当時虎ノ門の19森ビルにあった政策研究大学院大学の会議室を利用しました。

このインタビューでは、全繊・ゼンセンが、他の多くの労組の全国組織と違って、中央が地方組織の人事を握って強力なこと、その結果、中央から派遣されたオルグが、その地方の繊維産業のみならず新しい業態、たとえば流通・サービス産業での組合結成を援助するなどして、繊維産業は衰退するにもかかわらず、ほとんど唯一、組織が伸びていること、やはり連合結成は早すぎたという反省を述べられたことなどが印象的でした。これは平成十五年に『志に生きる——足は職場に、胸には祖国を、眼は世界に』として、富士社会教育センターから刊行されました。

それに続いて行ったのが、石川島造船所の職工としてスタートし、全造船重機労連の中央執行委員になった金杉秀信《かなすぎひでのぶ》氏のインタビューです。聞き手は宇佐美氏の時と同じメンバーで、途中から南雲智映《なぐもちあき》氏が加わっています。

職場での共産主義との闘いとその勝利の有様を、きわめて具体的にお話しくださったのが嬉しかった思い出です。これは冊子にしました。なお金杉さんからはかなり大量の史料を憲政資料室に寄贈していただきました。

続けて山岸章《やまぎしあきら》さんもインタビューしました。

全国電気通信労働組合（全電通）委員長であり、平成元年に結成された日本労働組合総連合会（連合）の初代会長で、電電公社がＮＴＴになる時の政治工作や小沢一郎《おざわいちろう》氏との関係などは、かなり面白い。「政治家」として考えれば、宝樹さんの話よりも、もっと面白かったと思います。

扇一登インタビューと『高木惣吉 日記と情報』

この他のプロジェクトでは、政治家では有馬元治、奥野誠亮、椎名素夫《しいなもとお》、竹本孫一の諸氏、防衛関係では大賀良平《おおがりょうへい》、大蔵官僚では小田村四郎、長岡實《ながおかみのる》、経済企画庁関係では宮崎勇《みやざきいさむ》、変わったところでは渋沢栄一のひ孫にあたる渋沢雅英《しぶさわまさひで》、海軍軍人扇一登《おうぎかずと》の諸氏のインタビューを行いました。

奥野氏のものは『派に頼らず、義を忘れず――奥野誠亮回顧録』として、平成十四（二〇〇二）年にPHP研究所から刊行され、有馬氏のものは平成十年に『有馬元治回顧録』の第一巻に収録されました。また宮崎氏のものは『証言戦後日本経済——政策形成の現場から』として平成十七年に岩波書店から刊行され、その他のものは印刷された冊子になって、誰でも読むことができるようになっています。

これらのなかで印象深いものとしては、扇一登氏を思い出します。

そもそも扇氏との関わりは、『昭和十年代史断章』を書いた頃に遡ります。すでに触れたようにこれは『矢部貞治日記』を主たる題材にしたもので、執筆の際にかなり多く使ったのが「昭和研究会資料」と、アジア経済研究所や防衛庁戦史部所蔵の「海軍調査課資料」のコピーでした。ただ矢部が深く関わった海軍省調査課の課長、高木惣吉の関係文書にはアクセスできませんでしたので、高木の下で活躍していた扇一登氏に連絡し、杉並区の浜田山《はまだやま》のご自宅に伺ってご教示を得たのです。

その時に、昭和十八（一九四三）年にドイツ駐在を命ぜられ、潜水艦で赴任されたというお話も伺いました。当時の日記を持っておられるとのことで、それを『中央公論 歴史と人物』の平林孝君に話して扇氏のインタビューを行い、昭和五十二年八月号に「ドイツへの潜航一万五千カイリ」と題して掲載しました。さらに『東京大学百年史』の編纂に関わっていた時に狐塚裕子さんとお伺いして、関わりのあった東大の南方自然科学研究所について教えていただきました。

こうしたご縁で、オーラル・ヒストリーを行うことになったわけです。聞き手には、影山《かげやま》好一郎《こういちろう》・高橋久志《たかはしひさし》両氏に加わっていただきました。

第一回は平成十二年十一月で、扇氏はすでに九十九歳でした。多少記憶の混乱はありましたが、翌年の六月の第七回まで進んだところで、お宅に残されてあった史料を出していただき、黒澤良君・高橋初恵さんに手伝ってもらって政策研究大学院大学に送って大雑把な整理をし、それをもとに十月に最終回を行いました。速記録のチェックをお願いした時は、満百歳になっておられました。

速記録には、差波亜紀子《さしなみあきこ》さんに丁寧な補注を付けてもらい、佐藤純子《さとうじゅんこ》さんにも調査をお願いし、冊子は翌年に完成しました。なお史料は憲政資料室に寄贈していただきました。

扇氏との関わりで、二つの展開がありました。

一つはこのインタビューに付き添ってくださった長男暢威《のぶたけ》氏の夫人、和子さんのお父上が、元公安調査庁次長の関之《せきいたる》氏だったことです。破防法制定の中心人物で、扇氏のインタビューが終わった後、お話を伺いたいと申し入れ、ご了解を得ていたのですが、残念なことに平成十三年四月に九十八歳で亡くなられ、果たすことができませんでした。そこで和子さんを含むご遺族（藤原明子さん、関憲吾氏）にお願いして、日記を含む遺された史料をいただくことにし、佐道明広、武田知己、黒澤良、高橋初恵の皆さんと成城《せいじょう》のお住まいに伺って、宅配便で大学に送り、村井哲也《むらいてつや》氏、長南政義《ちょうなんまさよし》氏を中心に整理をしました。目録は平成二十年に近代日本史料研究会で冊子にしました。

もう一つは扇氏のご縁で、藤岡泰周《ふじおかたいしゅう》氏と知り合い、高木惣吉関係文書と接触できたことです。藤岡氏は扇氏の紹介で訪ねて来られ、自費出版された『高木惣吉海軍少将と民間人ブレーンの軌跡』をくださり、それをもとに『海軍少将高木惣吉』（光人社、昭和六十一年）を出版されるにあたっては「序文」を依頼され、私はそれに応じました。

こうした関係で藤岡氏から、高木家を継承した川越重男《かわごえしげお》氏を紹介され、昭和六十一年にお住まいの熊本県人吉《ひとよし》の川越家を訪問、そこで日記や手帳、カードに書かれた情報、記録などを見せていただき、公刊の許しを得ました。さらに、防衛研修所や海上自衛隊幹部学校に寄贈されていた高木文書を調査し、それを含めて刊行計画を立て、関心を持っていた諸氏に声をかけたところ、内田一臣、藤岡泰周、野村實、工藤美知尋《くどうみちひろ》、波多野澄雄《はたのすみお》、佐々木隆、照沼康孝、森山優、のちには小山健二、加藤陽子の諸氏が手をあげてくださり、研究会を発足させました。

昭和十二年から二十年までの日記を中心に据え、高木が発信、収集した情報を挿入するという構想で、各人が年ごとに分担して作業を始めました。費用は川越氏が援助してくださり、会合の場所は工藤氏の尽力で日大の会議室を使わせていただきました。出版は、みすず書房の高橋正衛氏が引き受けてくださいました。

作業はかなり困難を極め、ようやくゲラが出はじめたのが平成元年で、そのうち高橋氏が退社されたのちに亡くなり、また小山氏も亡くなるなどして、三校が出たのが平成四年、その後も手直しに時間がかかっていました。やがてみすず書房の最後の担当者、加藤敬事氏から、印刷所が活版印刷をやめるとのことで、出版か断念かという決断を迫られ、最終的に平成十二年に『高木惣吉 日記と情報』上下巻として刊行されました。この間、川越氏所蔵の史料は憲政資料室に寄贈され、防衛研究所戦史部所蔵の史料も公開されました。

どのみち自慢話――インタビューの手法について

プロジェクトで作ったインタビューの冊子を読み返すと、面白くて我ながら興奮してしまいます。すべて忘れているとも言えますが、逆に言うと、忘れないとやっていられない。

インタビューをする時は、出掛ける前に前回の速記録を読んで、一緒に行ってくれる若手の諸君の質問要項を読んで「なっとらん」と思いながら修正するのですが、それだけ準備しても、思いもよらない方向に発展する。そのほうが、成果として面白いものになるのは確かで、なぜそうなるかと考えると、宝樹さんにしても、海原さんにしても、相沢さんにしても、軍隊経験あるいは旧制高校の経験があって、人間の厚みがある。言葉は悪いけれど、海部俊樹さんではそうならないわけで、日本人のでき方が、良い悪いは別にして、変わってきたことは感じます。文部官僚であろうと財務官僚であろうと、話を聞いていて「えっ」と驚くことが出て来て、感銘を受けたり、抱腹絶倒になったりする。

私の場合、最初からというより、二回目に旧知の仲のように話ができればうまくいく。難しいのは、こちらが準備をし過ぎることで、結果から言うと、余計なことは知らないほうがいい。知っていることも忘れたほうがいい。知っているような顔をしたら駄目なのです。たまに相手が嘘をついているなと気づいても、「実はこういうものを読んだのですが、今の話と違うように思うのですが」と言うくらいにしておく。人には語りたいことを語らせなければ駄目です。自慢話でいいのです。どのみち人は、他人の話を聞いたら自慢話だと思うわけで、私が何をしゃべったって自慢話だと思うでしょう。それと同じです。

吉元政矩インタビュー、そして佐藤誠三郎君の死

沖縄の副知事だった吉元政矩氏のインタビューは、佐道明広君が始めたもので、彼が一緒にやってくれと頼みに来るまでは、まったくやる気がありませんでした。

吉元氏は大田昌秀《おおたまさひで》知事時代に副知事をしていた人で、私は沖縄の人は政治的にも正反対の方も多いし、「困るな」と思っていたのですが、会った瞬間、「あっ、これはいける」というう感じがしました。平成十一（一九九九）年から十七年にかけて、全部で八回のインタビューをしました。吉元氏はかなり克明な、深い話をしてくれました。

この間に、大田昌秀氏にもインタビューをしましたが、正直言って、これはつまらなかった。ある程度引き出したと思った話も、冊子にする前の著者校正の段階で全部書き直されて

しまいましたから。私は、あの人は本当のことを話していないと思います。

大田県政と言われていますが、実際は吉元県政だったのでしょう。吉元さんによって、米軍基地問題をめぐる国と県の直接交渉が実現しています。国のほうは当時の首相は橋本龍太郎氏で、その経緯は大変面白かった。あまりに副知事の吉元さんの力が強くなったので、大田さんが切った、そうしたら大田さん自身も倒れてしまった。彼を追い出してしまったおかげで、結局沖縄は今日に至るまで、何も解決がつかない状態になってしまったのではないか、そう思いました。

吉元さんの第一回のインタビューは平成十一年十一月十五日に、二回目は十七日に行いました。沖縄にいた私は、そこで思いがけなく、佐藤誠三郎君の危篤の知らせを聞くことになります。

二年前に政策研究大学院大学が発足して、彼は副学長になり、私は図書館長として、この大学の発展のために協力し合っていました。その頃から、佐藤君がC型肝炎に冒されていることは聞いていましたが、あらゆる治療を試みてもいて、「心配御無用だ」とも言っていました。

平成五年になって彼は、初めての著書『「死の跳躍」を越えて――西洋の衝撃と日本』を、北岡伸一君、御厨貴君の努力によって刊行し、朝日新聞の書評委員だった私は、これに書評を書きました。またこの頃、佐藤君は、右翼だとか黒幕だとか言われていた笹川良一について、実証的な研究を進めていて、平成十年に『笹川良一研究』、翌年には『正翼の男――戦前の笹川良一語録』（編）をそれぞれ中央公論社から刊行していました。だから、実はそれほど深刻な事態ではないと思っていたのです。

十一月二十八日逝去。十二月一日に行われた杉並区永福《えいふくちょう》町の自宅での葬儀では、北岡君、御厨君、飯尾君とともにお棺を担ぎました。次いで十二月十日には、青山斎場で永別の会が開かれ、本当にお別れだ、と実感しました。大学一年生の時からの長い長い交友を通じて、佐藤君とは、いつも楽しく会話し、議論し、そして教えられることが本当に多かった。一度たりとも、不愉快に思ったことがないのです。

彼が逝去してのち、笹川良一関係の仕事を引き継いだかたちになって、平成二十年から関係史料集『笹川良一と東京裁判』全四巻を編纂し、それらの解説をもとに二十三年には『評伝笹川良一』を書くことになったのも、何かの因縁であるに違いないと思っています。

政策研究大学院大学の研究室がなくなってから数年間、笹川陽平《ようへい》さんから資金と虎ノ門のビルの一室を提供され、鳥井啓一《とりいけいいち》氏や船越眞《ふなこしまこと》氏のお世話になり、石突美香《いしづきみか》・濱田英毅《はまだひでたけ》・河原正幸・島田趙幸・土屋直子・吉田あいの若い皆さんに支えられ、作業を進めました。『笹川良一と東京裁判』も『評伝笹川良一』も、編集を担当してくれたのは『日本の近代』以来密接な関係を持っていた中央公論新社の吉田大作氏でした。さらにいつも丹念な校閲をしてくださった佐野泉さんにもお世話になりました。また笹川関係の仕事以外は、高橋初恵さんから引き継いで手伝ってくれた佐賀香織《さがかおり》さんに支えられました。東日本大震災では虎ノ門のビルも激しく揺れて、佐賀さんとしばらくうろうろして、別れて歩いて帰途についたことも忘れられません。

平成二十六年、佐藤君の事績を記念して、彼を知る人々のご協力を得て、渡邊昭夫君、小島弘《こじまひろし》氏、川島幸希《かわしまこうき》氏と『佐藤誠三郎追想録』(秀明出版会)を編みました。かつて私のゼミに属していた川島氏は、現在秀明大学の学長でもあり、秀明出版会からの出版に際しても協力してくれました。

痛恨の極みなのは、彼が遺したたくさんの史料を受け継げなかったことで、ご遺族に何度か声を掛けたのですが、思い届かず、整理されてしまったようです。

終章　史料館の挫折と人物史料情報辞典

宮澤喜一の大きな金庫

宮澤喜一さんに久しぶりに会いに行ったのは、平成十五（二〇〇三）年の十一月です。政策研究大学院大学のオーラル・ヒストリー・プロジェクトとしての宮澤さんへのインタビューは、御厨貴君が中村隆英さん、武田知己君と進めたものでした。しかし、インタビューの内容を冊子にする許可を得るために、私が行かなければならなかったのです。武田君と一緒でした。

昭和史の研究を始めて、最初に史料を見せていただいたのが、宮澤さんの祖父にあたる小川平吉のものです。だから宮澤さんとは付き合い自体は古くて、総理大臣になるなんて思いもしなかった頃から面識だけはありました。今度は宮澤さん自身の史料についての相談をしてみました。すると「自分が外務大臣だった時の全史料だ」と言って、大きな金庫を指し示して、「持っていけ」と。

「いずれは、小川平吉みたいにするのでしょう」とおっしゃるから、

「もちろんです」と答えました。

宮澤さんは、公文書の「三十年ルール」を作った人です。その書類が作成されてから三十年経ったら公開してよいとのお考えでした。

「今、二十七年目だからあと三年。もう君が持っていて大丈夫だ」

有難かったのはもちろんですが、この金庫は運ぶのも大変でしたし、後から外務省の某というのがやってきて「返せ」という話になったりもして、大騒ぎでした。

金庫の他にもさまざまな史料をいただきました。段ボールで百個近くになったのではないかと思います。宮澤さんは日記をつける習慣はなかったようですが、海外に行った時だけ、英語でつけたものがあります。いかにも宮澤さんらしい話です。これらの史料も今は、国会図書館の憲政資料室に入っています。

政策研究大学院大学のオーラル・ヒストリーで行ったインタビューについての話は尽きません。すべてに関わったわけではありませんが、なにしろ五年間に計百八十人、回数にして千二百回、一回二時間として二千四百時間という膨大なプロジェクトです。

少しだけでも触れておきたい人は何人もいて、たとえば佐藤栄作総理の秘書官だった外交官の本野盛幸氏や、中曽根康弘内閣時の外務次官だった柳谷謙介氏と松永信雄《まつながのぶお》氏へのインタ

ビューは、非常に充実したものでした。ただし松永氏は、お話しくださった内容の半分くらいを冊子にする段階で削ってしまいました。それに文部官僚の天城勲《あまぎいさお》氏、木田宏《きだひろし》氏の気骨ある話も印象に残るものでしたし、朝日新聞の山下靖典氏から紹介された元通産事務次官の山下英明《やましたえいめい》氏のお話も思い出深い。

山下英明氏は、城山三郎《しろやまさぶろう》の『官僚たちの夏』の片山泰介という役のモデルになった方です。老いてもスマートで、本物のエリートという雰囲気を持っていました。はじめはなかなかインタビューの依頼に応じてもらえませんでしたが、最後には腹を割って話してくれました。佐藤栄作氏が通産大臣だった時の秘書官でもありましたから、どうやって佐藤内閣を作ったか、そして佐藤内閣の政策をどう作ったか、日米繊維交渉の問題や、三井物産を交えてのイランのプロジェクトの顚末《てんまつ》など、日本の高度成長期の政官はこう動いていたというのが非常によくわかりました。

インタビューが終わったのち、山下さんにも史料を大量にいただきました。「何でも持っていっていい」と言われたのは有難いのですが、なんとマンションの賃貸契約の書類までありました。この史料は最終的に憲政資料室に入りましたが、整理はまだ終わっていないようです。

プロジェクトの終わり

オーラル・ヒストリーのプロジェクトは、平成十二（二〇〇〇）年からは文部科学省のCOE（センター・オブ・エクセレンス）の「オーラル・ヒストリー・政策研究プロジェクト」というものになり、予算も大型化していました。代表者御厨君の構想に則《のっと》り、数億円の莫大《ばくだい》な資金を得て、五年という期限のうちに所定の成果を上げるという仕組みになっていました。ということは最後に、何をやって何を得ることができたか、という報告書を文部科学省に出さなければならない。

ところが平成十五年になって、御厨君が東京大学の先端科学技術研究センターに呼ばれたとかで、大学を移るという事態となります。御厨君は、プロジェクトごと移ろうと考えたようですが、予算はあくまで政策研究大学院大学についているから、それはできない。紛糾ののち、私が後始末をすることになりました。

実はそれまで、御厨君がこのプロジェクトの運営を一手にやっていて、最終的にどのようなかたちに持っていくかについては、メンバーに共有されていませんでした。仕事の運営上から、やや感情的に対立したことも影響しているでしょう。専《もっぱ》らインタビューを続けていた私たちは、五年間のうちにそれらのインタビューをもとに「政策研究」まですることになっているとは、まったく知らされていなかったのです。

平成十五年十月に書いた「代表交代にあたって」という文章には、突然重責が降ってきた私の必死さが出ています。

御厨貴教授の東大移転に伴いCOEオーラル・政策研究プロジェクトの代表を交代して引き受けることになりました。残された期間は一年半で、その間に引き継いで行わねばならないことは次の四点になろうかと思います。

第一は、既に終了し乃至は終了しかかっている総《すべ》てのオーラルヒストリーの結果を冊子にして公開する仕事です。これに最大の力を注入しようと思っています。

第二に、成果物（テープ・速記録など）の保存、（公開、著作権等についてのインタビューイー、インタビューアー、所蔵者間の同意を文書化する仕事です。来年には大学が国立大学法人になり、契約の当事者となることが出来ますので、来年度中に完了すべく考えております。

第三には、冊子による公開と同時にホームページによる活動内容の公開を進め、またオーラルヒストリーの国際的ネットワークとの関係を強化し、プロジェクト終了後の将来に備えていきたいということです。そして最後に、将来のアーカイブスを目指してその構想を立て、実現に向けて行動を起こすことです。（後略）

「次の四点」と言っているのに三つしか挙げていないのですが、それぞれに困難な仕事でした。第二の著作権関係については、これによってかなり勉強することになり、何とかかたちをつけることができました。著作権上クリアになったオーラル・ヒストリーの速記録は、現在、政策研究大学院大学のウェブサイト上で読むことができるようになっています。

「政策研究」については、この時点で、とてもそこまで持っていくことはできない、と断念していました。結果、文部科学省に成果を提出すると、評価の段階で「研究が足りない」として、ランクCがつけられました。この評価では次年度以降の予算をもらうことができません。政策研究大学院大学に、オーラル・ヒストリーを手段として研究する機関を作ることをめざしていた私たちとしては、非常に痛い結果でした。

御厨君とはその後、絶縁状態となりました。彼にも言い分はあるでしょうが、自分としては間違ったことはしていないつもりです。この対立は、まわりをずいぶんハラハラさせることになったので、それについては申し訳ないという思いがあります。

史料館構想の挫折

政策研究大学院大学との関わりも、あっけない終わりを迎えました。

COEプロジェクトが終了した平成十七（二〇〇五）年に、私は定年を迎え、リサーチフェローという職になりました。その職も三年という年限を切られ、それが終わったら研究室を出ていかなければならない。

当時、研究室には、インタビューをした人たちをはじめ、いろいろな方からいただいた史料が詰まった段ボール箱が山と積まれていましたが、これだけ一所懸命に集めた史料も、二つを残して、あとはすべて一緒に持っていけと言う。私は原史料を持たない主義ですから、史料の落ち着き先を決めて、誰もが使える状態にしたい。その落ち着き先として、先の文章の「将来のアーカイブスを目指して」という言葉の通り、政策研究大学院大学を考えていたのは事実です。しかし、内々に出ていた許諾も、いつのまにか反故《ほご》になっていました。学長に「この大学に史料は必要ない」と吹き込んだ人がいたとも聞きました。

私が近代の史料を恒久的に保存し、閲覧に供する機関を作りたいと考えていたことは、何度か言及したことです。最初は東京大学にそういった史料館を作ることができないかと考えて挫折し、中曽根さんや藤波孝生さん、あるいは村上正邦《むらかみまさくに》氏に会いに行ったこともありました。そして最後、政策研究大学院大学にも拒否されてしまったのです。

私の収集した史料は、一応の目録を作ったのち、国会図書館憲政資料室に保管されています。閲覧用に別の目録を作成していますから、まだオープンになっていないものもたくさんあります。その他に、コピーだけとって原本は別にある史料のファイルなども、憲政資料室に二十箱くらい保存されています。将来、「伊藤隆氏旧蔵文書」として公開されるかもしれません。

史料は、ただ保管すればよいというものではありません。閲覧を可能にするには、目録作成などの作業もありますし、そのための予算も必要になります。その後の管理も大変です。それはわかりますが、公文書であれ、私文書であれ、結局において、日本人がきちんと自分たちの記録を残そうという機運を作らない限り、何も実現しません。戦後日本は、あれだけ頑張って高度成長を成し遂げ、今もその遺産で世界で三番目のGDPを誇っています。それなのに、どうやってこの国を作ったかという記録が、少ししか残っていない。関わった人はすごく多いはずなのに、非常に残念です。

明治期はみんな、自分たちが新しい国家を作っているという自負があったから、積極的に記録を残しています。公文書だけではなく、それにまつわる私文書、そして議事録も残っている。ところが時代が進むにつれて、だんだん史料が少なくなってくる。敗戦直後には、官庁は戦前の史料を燃やしました。都合の悪いものは捨ててよろしいという前例を作ったわけで、このせいか、それ以後は文書を捨てることの罪悪感が希薄になりました。

オーラル・ヒストリーのメリットは、応答ができることです。文書史料は向こうから一方的に出てくるものですから、読む時はさまざまなものを総合して読み込まなければなりません。でもインタビューなら、言っていることに疑問があれば、「本当ですか」と質問することができる。

オーラル・ヒストリー自体は、研究の手法として広く行われるようになっています。私もオーラル・ヒストリーを行っている人を何人も知っています。でも、出版されていない場合、その記録をどうしたのか。どこかの資料館に入れたとは聞かない。きっとインタビューのテープを自分で保管しているのでしょう。でも、それでは自分が死んだ後、遺族がゴミとして捨ててしまうかもしれないし、そうでなくても音声が聞きとれなくなってしまうかもしれない。自分の論文には「何月何日のインタビューで」と引用していても、それでは反証の可能性がゼロになってしまう。

もう一つ、継続性という問題もあります。

たとえば、海原治さんのインタビューをはじめとする防衛官僚のオーラル・ヒストリーについては、私たちの仕事を引き継ぐかたちで、防衛省防衛研究所の相澤淳《あいざわきよし》君や中島信吾《なかじましんご》君たちが、中村悌次《なかむらていじ》さん、佐久間一《さくままこと》さんといった歴代の海上幕僚長らの聞き取りを行い、冊子を刊行し続けています。

財務省や経済産業省は、私たちがやったものとスタイルは違うにせよ、伝統的に次官経験者らの聞き取りを残しています。財務省の人たちは、自分たちがこの国を作ったという意識が強烈にあるから、そういった記録を残そうとしている。

国土交通省のOBたちが行っているインタビューも、河川の改修問題など、問題意識がはっきり表れていて面白い。

でも、文部科学省がやっているとは聞いたことがないし、その他の官庁についても同じです。こういったものは、本来、国家的な事業として継続性が必要なわけです。ある時点の記

平成九～十年度	有山輝雄、広瀬順晧、中野目徹、原朗、伊藤光一、櫻井良樹、塩崎弘明、中見立夫、山崎有恒、小池聖一、上山和雄、柴田紳一、伊藤隆
平成十一～十二年度	中野実、波多野澄雄、有馬学、我部政男、戸高一成、浅野豊美、吉良芳恵、佐藤能丸、貝塚茂樹、戸島昭、荒敬、服部龍二、梶田明宏、伊藤隆
平成十三～十四年度	高橋久志、小沢隆司、高山京子、出口雄一、濱田太郎、所澤潤、越沢明、田良島哲、冨坂賢、武田晴人、茶園義男、檜山幸夫、島善高、橘川武郎、黒沢文貴、大森とく子、高梨昌、山田潤三、二村一夫、永島広紀、伊藤隆
平成十五～十六年度（最終）	加藤恭子、加藤聖文、岩谷十郎、河野一郎、寺井順一、松崎昭一、武田知己、桑野眞暉子、田辺宏太郎、伊藤隆

史料の発掘・活用をしている研究者の発表

録が、ぽつんぽつんと存在するだけでは十分には役に立たない。

近代日本史料研究会の活動

平成九（一九九七）年、すでに解散した内政史研究会、日本近代史料研究会、木戸日記研究会を継承する意味で、近代日本史料研究会を立ち上げました。メンバーは私の他、有馬学君、季武嘉也君、小池聖一君、佐道明広君、武田知己君で、ここでは引き続き史料収集、史料のまとめ、同時に史料と補完関係にあるオーラル・ヒストリーを実施しています。

その一つの仕事は、史料を発掘・活用している研究者にお願いして、お話を伺う会を続けたことです。具体的には上の表の通りです。

また別に矢野信幸、河野康子（二回）、井口治夫《いぐちはるお》（二回）、村井哲也、佐道明広の諸氏から、「戦後史料研究会」ということで、お話を伺いました。

これは幸いに私が代表者になって、科学研究費を各二年四回受けることができたことによるものです。速記録は研究会のホームページで閲覧できます。

集積した史料の収集、史料の整理

近代日本史料研究会ではまた、史料の収集や、すでに集積した史料の整理も進めました。矢部貞治と桂皋の文書は、目録を作り、政策研究大学院大学が所蔵することになりました。矢部貞治関係文書は、憲政記念館に寄託されていましたが、伊藤光一氏の斡旋で、日記と展示に必要なものは憲政記念館に残し、それ以外は長男の堯男《たかお》氏からいただきました。

木内信胤、樺山資紀・愛輔《あいすけ》、扇一登、宮崎弘道、天城勲、大中睦夫《おおなかむつお》、黒沢博道、渡邉武、乳井昌史《にゅういまさし》、竹本孫一、水野錬太郎《みずのれんたろう》、水野政直、大室政右《おおむろまさえ》の関係文書は整理を行いました。

樺山資紀・愛輔関係文書は、文藝春秋の白川浩司《しらかわこうじ》氏から樺山典和《のりかず》氏を紹介され、文書を尚友倶楽部にお預かりして整理を進め、最終的に憲政資料室にご寄贈いただきました。

黒沢博道関係文書は、黒沢氏から労働運動関係者を紹介され、一緒にインタビューをしたあと、氏から社会党・民社党の事務局で働いていた時期の史料をいただきました。

竹本孫一関係文書は、オーラル・ヒストリーのご縁で憲政資料室にご寄贈いただいたのですが、老人ホームのお住まいから、それ以前のお住まい、さらにその以前のお住まいにも残されており、相当な点数になりました。すでに憲政資料室で公開されています。

中澤佑《なかざわたすく》、山本親雄《やまもとちかお》、関之、香山健一、川崎堅雄、松本重治、今井武夫《いまいたけお》、羽生三七、高橋

亀吉、竪山利忠、藤波孝生、奥野誠亮、曽禰益《そねえき》、宮澤喜一、永田秀次郎《ながたひでじろう》・亮一《りょういち》、金杉秀信、豊福保次、宝珠山昇の文書は、整理して目録を冊子にすることができました。

山本親雄関係文書は、鈴木多聞《すずきたもん》氏から紹介されたことによります。

香山健一関係文書は、臨時行政調査会関係を中心とした史料を佐藤誠三郎君が預かって政策研究大学院大学にあったのですが、それを整理する際に博子夫人に接触し、香山氏没後各方面に預けてあったり、夫人の手許に遺されていた文書をご寄贈いただきました。

松本重治関係文書は、国際文化会館の理事長が東大の元教養学部長嘉治元郎《かじもとお》氏であることを知り相談したところ、息子さんの洋氏が理事であるから連絡しておくとのお返事をいただき、後日、洋氏を国際文化会館に訪問、そこに遺されていたダンボール五箱の史料をいただきました。

今井武夫関係文書は、平成十四（二〇〇二）年に手塚和彰氏から紹介され、東中野《ひがしなかの》の娘俊子・息子貞夫氏のお宅に伺ったのが発端でした。

高橋亀吉関係文書については、かなり以前にふとしたことから知り合いになった長男洋一氏から、證券図書館に寄贈されたと聞き、訪問して大量の史料を拝見しました。その後洋一氏に、まだお宅に残っていないかとお尋ねしたところ少しはあるという返事で、平成二年に憲政資料室の広瀬順晧氏と南青山のお宅に伺い、ダンボールで二十箱ほどをご寄贈いただき、数年後には公開されました。その後平成十六年になって建物を建て替えるので、著作と史料の残りをくださることになり、伺ったところ予想以上の史料があり、それもいただきました。

金杉秀信関係文書は、インタビューがきっかけです。金杉氏の紹介で鍋山貞親のご遺族にアプローチして関係文書を、さらに風間《かざま》丈吉《じょうきち》のご遺族にも紹介され、その関係文書も憲政資料室に寄贈していただきました。

曽禰益関係文書は、黒沢博道氏が遺族を調べてくださって、平成十五年に長男で元東急ハンズの社長韶夫氏にお聞きしたところ、蔵をとって邸宅を処分してマンションに移る時に庭に積み上げて燃やしたとのことでした。ただ夫人が忍びないとして、ダンボール二箱分をとっておいてくださったものはご寄贈いただきました。

永田秀次郎・亮一関係文書は、ご遺族を調べて、孫が兵庫県会議員秀一《ひでいち》氏であることがわかりました。平成十六年二月には、黒澤良、奥健《おくけん》太郎《たろう》両氏と一緒に淡路島《あわじしま》のご自宅に伺い、奥様から自由に蔵の中から必要なものを持っていってよいと言われ、一日かかってダンボール十三箱を作り、宅配便で送ってくださるようにお願いして帰りました。

豊福保次関係文書は、有馬頼義氏に紹介され、ご本人に昭和四十四（一九六九）年一月にインタビューをさせていただきましたが、テープを憲政資料室に寄贈すると、公開のためにご遺族の諒解を取ってほしいと言われます。調べていたところ、『有馬頼寧日記』の公刊の際に娘さんの宮崎まゆ子さんと連絡がつき、その後平成十六年になってダンボール三箱の史料が送られてきました。

この他にも、松崎昭一氏と読売新聞社からは、インタビューテープを中心とした『昭和史の天皇』取材資料を預かり、整理を進め冊子化しましたし、奥村喜和男《おくむらきわお》の文書も、直接憲政資料室に寄贈していただきました。

整理を担当したのは黒澤良、矢野信幸、大久保文彦《おおくぼふみひこ》他の諸氏で、目録作成には前記整理者の他、濱田英毅、佐藤純子、石突美香、長南政義、神崎勝一郎《こうざきしょういちろう》、藤田英昭、神田豊隆《かんだゆたか》、岡久仁子《おかくにこ》、鹿島晶子、池田勇太《いけだゆうた》、眞板恵夫《まいたやすお》ほかの諸氏があたってくださいました。

また武田知己君が中心になって、「松村謙三《まつむらけんぞう》関係文書目録」、「首都大学東京図書情報センター所蔵 松本《まつもと》〔忠雄《ただお》〕文庫目録―文書の部―」、「（財）通商産業調査会編『産業政策史回想録全43巻』目録」、「大蔵省官房調査部・金融財政事情研究会編『戦後財政史口述資料全8冊』目録」を冊子化しました。

近代日本史料研究会ではオーラル・ヒストリーも行っていて、田村元《たむらはじめ》、細田吉蔵《ほそだきちぞう》、長谷《はせ》百合子《ゆりこ》、和田耕作、木山正義《きやままさよし》、山下英明〔続〕、立田清士《たつたきよし》、森一久《もりかずひさ》、松本彧彦《まつもとあやひこ》、松野頼三〔追補〕、大塚惟謙《おおつかいけん》、唐沢俊二郎《からさわしゅんじろう》の諸氏の速記録は冊子化しました。

佐道明広君を中心に行われた上妻毅《こうずまたけし》、塩田章《しおたあきら》、塚本三郎《つかもとさぶろう》、佐久間一の諸氏のオーラル・ヒストリーも冊子化しました。

『人物史料情報辞典』の編纂

現実の史料館はうまくいきませんでしたが、政策研究大学院大学を去る少し前から、これを辞典のかたちでやることはできないだろうか、と考えはじめていました。つまり、物を集めるのは大変で、お金もかかるし、労力も要る。でも、たとえば伊藤博文という人物について、今までどんな伝記が出ていて、そのもとになった史料はどこに保管されているか、といった情報を網羅する、それができたら、かなり便宜をはかれるのではないか、と思ったのです。

まわりに意見を聞いてみると、そんなことはとても無理じゃないか、というのが大勢でしたが、そう言われれば言われるほど、やる気になる。それでとりあえず季武君らとサンプルを作り、書いてくれそうな人とその対象を周辺の人に出してもらいました。

政策研究大学院大学で秘書的な役割をしてくれた高橋初恵さんが、取り上げるべき歴史上の人物の一覧表を作ってくれたので、それを見ながら皆で片っ端から原稿依頼をしていく。そうするうちに、だんだんと原稿が集まってきて、項目が百、百五十と増えていきます。やがて二百名を超える執筆者から、五百三十九項目の原稿が集まり、平成十六（二〇〇四）年に『近現代日本人物史料情報辞典』として吉川弘文館から刊行しました。季武嘉也君と共編となっていますが、武田知己君も実質的な共編者です。

人物辞典との違いを見るために、私が書いた中項目を一つ抜き出してみます。

阿南惟幾（あなみ・これちか）

明治二十—昭和二十年（一八八七—一九四五）陸軍大将・陸軍大臣

かつて文藝春秋が「阿南惟幾日記」（昭和十三—二十年）の刊行を企画し、ワープロに打ち込んだが、その後企画が中止となった。筆者は遺族惟正《これまさ》氏から将来の刊行の許可を得て、現在そのワープロ化された日記を読んでいるところである。将来、軍事史学会の史料刊行計画の一環として出版を検討しているが、現在のところ非公開である。一部のコピーが東京大学法政史料センター原史料部の所蔵になっている。

伝記として、沖修二『阿南惟幾伝』（講談社、昭和四十五年）がある。この巻頭グラビアには日記や遺書の写真が掲載されており、日記は本文中にしばしば引用されている。（後略。日記刊行はその後、惟正氏が躊躇されたので断念、日記そのものは憲政資料室に寄贈された）

今までに例を見ない企画だったこともあり、好評を得ることができました。取り上げるべき人物は近代史上五百人ではききませんから、項目がどんどん増えていく。原稿も続々と届きますから、第二巻、第三巻と続けて出すことになりました。

平成二十三年刊行の第四巻で一応の区切りとしたのは、版元から、「この辞典が何巻で終わりになるかわからないと売るのに困る」と言われたからです。たしかにいつ完結するかわからない全集は売りにくい。でも、項目は依然増え続けていますから、新たな分は今のところ、雑誌『日本歴史』に年三回のペースで連載しています。

「近代日本研究通信」

近代日本の研究者それぞれが、どういう研究をしているのか、関わった史料がどこにあるか、それがどういった内容のものか、といった情報を共有することはとても大事なことです。自分だけで大事に保存していたところで個人の論文に資するくらいで、何の意味もない。今はインターネットが普及して、いろいろな面で情報を共有しやすくもなっていますが、その先駆と自負しているのが、昭和六十一（一九八六）年に始めた「近代日本研究通信」です。最後にこの話をしておきたいと思います。

もともとは、日本近現代史に関する情報誌といったものができないか、と考えたのが始まりでした。援助してくれる出版社はないものかといくつか掛け合ってみましたが、はかばかしい反応はありませんでした。それを救ってくれたのが中央公論社の嶋中鵬二社長でした。当時、中央公論社で『日本の近代』が企画されていたり、『重光葵手記』の刊行作業が進んでいたりして、嶋中さんと話し合う機会があり、スポンサーになってもらうことができたのです。この時点で、雑誌というよりはもっと簡便な形式のものに計画を変更していました。

昭和六十一年の七月、百人ほどに出した手紙が残っています。

過去十年乃至二十年の間に、日本近現代を対象とする様々な角度からの研究はめざましく発展し、その研究者の数も急速に増大しております。しかしその相互の交流ということになりますと、甚だ狭い範囲で行われているのが現状と思われます。多くの研究者が孤立して研究しているのも事実です。そこでこのような状況を少しでも解決し、相互の交流を深め、研究のよりいっそうの発展を期するために一つの交流の場を作ろうというのが私の提案です。

私の提案は当面五十乃至百人のメンバーで一種の組合を作り、各人が一月に一回「通信」を送り、他の四十九乃至九十九人の「通信」を得るという計画です。つまり皆さんが一種の研究の情報を送って下さると、それをそのままゼロックスコピーして「通信」を送って下さった人々全員に配布するというシステムです。皆さんの送って下さった「通信」をそのままゼロックスコピーする費用と、それを纏めてホチキスで留め、それを送る費用がかかる訳ですが、これはわずかなものであり、これはスポンサーに依頼しようと思っています。従って皆さんに負担していただくのは「通信」を送って下さる葉書乃至手紙の40円乃至60円ということになります。

中央公論社では、当時私に関係する史料ものの本、『重光葵手記』『牧野伸顕日記』『尾崎三良日記』『石射猪太郎日記』などを担当してくれていた平林敏男さんと小沼千明さんが実務をやってくれることになりました。お二人にも数々の仕事についてのお礼を言わなければなりません。

先の手紙を、私の知り合いの日本近代の研究者たちに送りましたが、いったいどのくらいの人々が応じてくれるものか、皆目見当もつきませんでした。ところが九月十五日までにという呼びかけに、いわば右から左まで百人近くの人々から、返事としての「通信」が届いたのです。

それらを大体五十音順に配列し、そのままA3の紙にコピーして二つ折にする。そうして第一号を、「通信」を送ってくださった方々に送ったのが九月二十五日過ぎ、遅れて到着した分を含めて、第二号を二ヵ月後の十一月二十五日に、第三号もその二ヵ月後、翌昭和六十二年の一月二十五日に発行することができました。

著者近影

参加者の一覧を作ってくれたのは百瀬孝氏で、これによると、第一号は百十三名、第二号は百二十名と次第に増えていきました。江口圭一さん、松尾尊兊さんといった方も参加してくれましたし、留学生や海外在住の研究

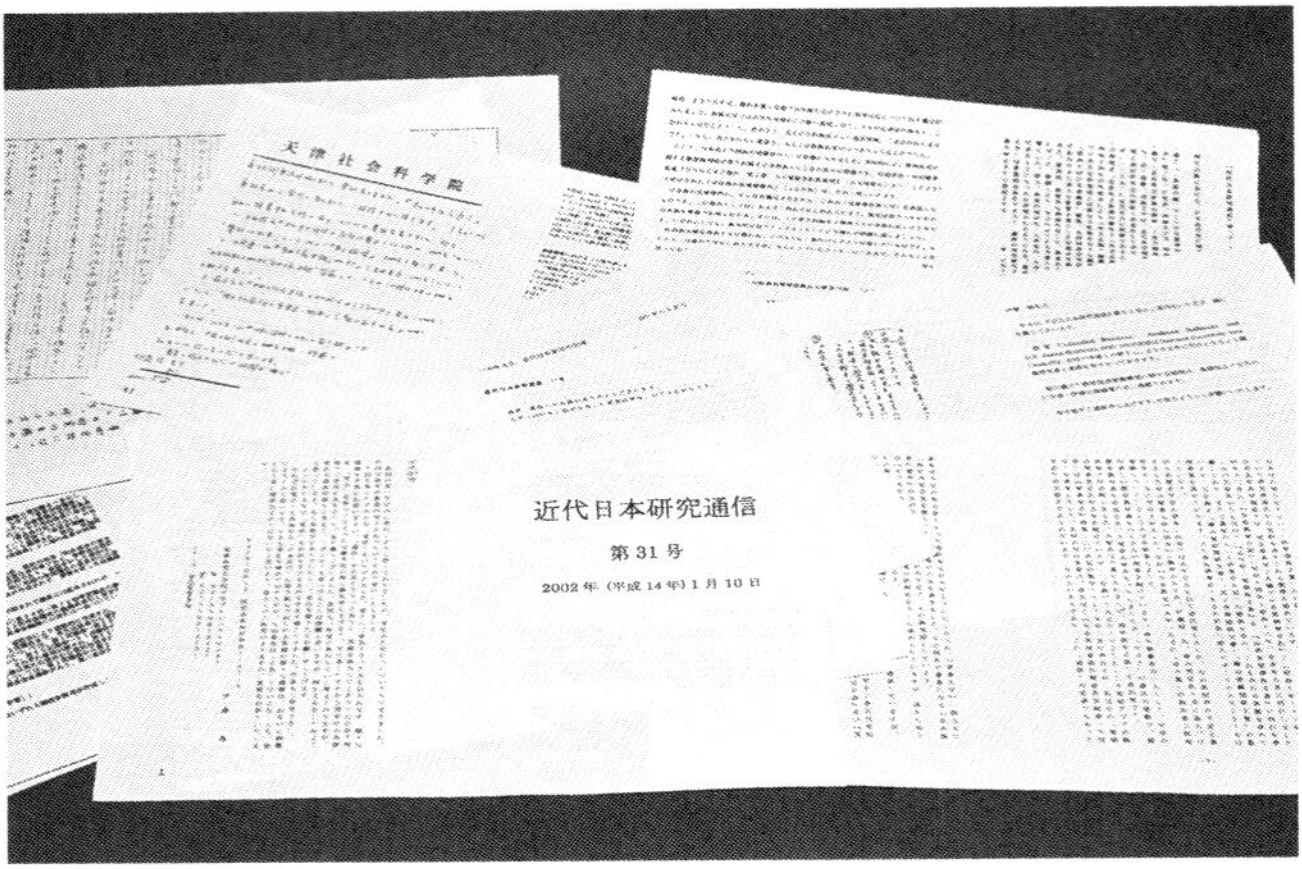

「近代日本研究通信」第31号。さまざまな形式の文書があることがわかる

者たちからも「通信」が届きました。

次第にわかってきたことは、実際に「通信」を出している人よりも、これを読んでいる人のほうが多かったことで、参加者ではない人から「読んでますよ」と言われることも少なくありませんでした。そういった人も参加するようになって、当初は全員私の知り合いだったのが、だんだんと直接面識のない人からも「通信」が届くようになりました。

二ヵ月に一回では、書く方も仕事をする方も大変ということで、第四号からは三ヵ月おきとなりました。次第にお互いに面識のない参加者たちが、この「通信」をきっかけに直接情報交換をするようになったという話を聞くようにもなりました。

私が陸軍少佐だった黒木《くろき》親慶《ちかよし》の文書について書いたら、当時、未知の人だった東京外国語大学の中見立夫《なかみたつお》さんから「会いたい」と電話がかかってきました。日本近代史を専門にしている人だけではなくて、たとえば当時『マリ・クレール』に書評や映画評を書いていた武藤康史《むとうやすし》さんのような、意外な人も参加してくれるようになりました。その意味でも、かなり面白いメディアだったのではないかと思います。

「通信」は、参加者が二百名近くまで増えましたが、私が多忙になったこともあって、だんだんと発行が間遠になり、一年に一回というような状況になりました。

そのうち、スポンサーの中央公論社の経営が危なくなり、平成九（一九九七）年に嶋中鵬二さんが亡くなると、中央公論社では引き受けられないと言われ、関わりのある吉川弘文館とか、山川出版社、みすず書房などで一回ずつ出してもらったのですが、どこも余裕がなく、もう限界ということで、十六年目の平成十四年一月の三十一号で終わりにしました。小沼さんはスポンサーが代わってからも実務を手がけてくださいました。

折からインターネットが普及しつつあり検討しましたが、最後まで手書きで送ってくださっていた方々がいることと、手書きのメディアの良さもあって、そうできませんでした。

今もなお、同じ役割を果たすメディアを作ることができそうだと思い続けています。ちょっとしたスポンサーさえ見つけられれば、と思うのですが。

あとがき

平成二十（二〇〇八）年に〝無職〟になってからも、相変わらずの日々が続いています。

こつこつと史料収集とインタビューを続けて、何とかたまっている仕事を片づけようと努力しているのですが、しかし、なぜこんなにいつまでも忙しいのか。

このあいだは元衆議院議員の細田吉蔵さんの史料をいただきましたし、元経団連会長石坂《いしざか》泰三《たいぞう》さんの史料ももらい、どちらも憲政資料室に入れました。細田さんの史料は日記が主で、角福戦争のことなどが詳細に書いてある。面白そうだから読みたいのですが、なかなかそこまで辿り着けない。

この数年をとっても、前記のものをも一部含めて、香山健一、坂田道太《さかたみちた》（佐瀬昌盛《させまさもり》氏の協力）、樺山資紀・愛輔、河原田嘉吉《かわらだかきち》、小日山直登《こひやまなおと》、阿部勝雄《あべかつお》（扇一登氏の息子の暢威氏の紹介で遺族信彦氏から日記を）、奥村喜和男、下村定《しもむらさだむ》、石射猪太郎、来栖三郎、犬丸秀雄《いぬまるひでお》（城野勝人氏の紹介）、小幡酉吉《おばたゆうきち》（ご遺族毅氏から）、古海忠之《ふるみただゆき》、瓜生外吉《うりゅうそときち》（マイクロ）、渡邉国武・千冬・武の追加分、加瀬俊一（加瀬英明《ひであき》氏から）、細田吉蔵（細田博之《ひろゆき》氏から）、石坂泰三（泰彦氏から）、椎名素夫（秀子夫人から）、佐伯喜一《さえききいち》（佐伯浩明氏から）、阿南惟幾（阿南惟正氏から）、末次一郎《すえつぐいちろう》（森高康行氏の紹介）、福留民夫（若泉敬関係）、森元治郎《もりもとじろう》（エヴァ・ルトコフスカさんから森真理子さんを紹介されて）、太田耐造《おおたたいぞう》（長尾龍一氏から太田知行氏を紹介されて）、立川雲《たつかわうん》平《ぺい》（平林敏男氏から田川五郎《たがわごろう》氏を紹介され、田川氏が立川昌介《しょうすけ》氏を紹介してくださった）のご遺族から、関係文書を憲政資料室にご寄贈いただきましたし、つい最近では、佐々淳行《さっさあつゆき》氏からご自身の記録・文書をいただいています。相沢英之さん、矢野俊比古《やのとしひこ》さん、日野純男さんのインタビューも行いました。

若い人から「研究会をやらないのですか」と聞かれることも多いのですが、科学研究費が取れなくなったから先立つものがない。時々、講演をやったりして稼いではいますが、だんだんそのために労力を費やすのが辛くなってきました。

おかげさまで元気ではあるけれど、死ぬ準備は元気なうちにしておかなくちゃいけないというのが私の信条。みんな準備しないうちに弱ってしまうから、いろいろなものを片づけないで死んでしまう。

昔から使ってきたフロッピーディスクが山とあって、これを片っ端から必要・不要に分けるのも大事な仕事です。必要なものはＵＳＢに移し、不要なものはどんどん捨てる。本にしていない原稿も、私家版の『落ち穂拾い』にどんどん収録して第五集までになりました。ちゃんとうまい具合に死のうと思っています。

ここまで述べてきて、忘れていたことが若干あることに気がつきましたので、二つほど述べておきたいと思います。

その一つは、平成十四年の史学会第百回大会で作成された『歴史学の最前線』という小冊子に「古稀を迎えて私の決心」というタイトルで、いわゆる学術論文を書くことをやめて、「大きな困難を抱えているが、私としては命の続く限り日本近現代のさまざまな形態の史料の収集・保存・公開という仕事に特化して行こうというのが七十歳を迎えての決心である」と書いたことです。

もう一つは、平成二十一年に重光葵賞、平成二十三年には吉田茂賞を授与され、いずれも五十万円が与えられたことで、これも仕事に大変に役立ちました。

この他にも、語り忘れたことがずいぶんあるように思いますし、触れることができなかった方々もたくさんおられますが、とりあえずここで区切りとしておきます。

なお、本書は『中央公論』二〇一三年六月号から二〇一四年七月号まで連載した「史料と私の近代史」に加筆訂正をしてまとめたものです。

連載は、東京大学で最初に教えた学生の一人である有馬学君と、政策研究大学院大学にいた頃、一緒に仕事をするようになった武田知己君が中心になって質問を作ってくれ、それに答えるかたちで話したものを編集部がまとめました。

書籍化に際しては、東京大学での教え子である山本一生君が多大な協力をしてくれました。また、編集では、連載時に中央公論新社の白戸直人氏、吉田大作氏のお二人に大変お世話になりました。また、書籍化に際し、吉田氏と上林達也氏にご尽力いただきました。

皆さんに心より感謝申し上げます。

伊藤　隆

伊藤 隆（いとう・たかし）

1932年，東京都生まれ．東京大学文学部国史科卒．同大学院人文科学研究科国史専攻修士課程修了．東京大学文学部教授，埼玉大学大学院教授，政策研究大学院大学教授などを経て，東京大学名誉教授．『佐藤栄作日記』（監修，朝日新聞社，1997―99年），『鳩山一郎・薫日記』（共編，中央公論新社，1999年），『岸信介の回想』（共著，文藝春秋，1981年［文春学藝ライブラリー，2014年］）など多数の近代史史料やオーラル・ヒストリーの編纂・刊行に携わる．

著書『昭和初期政治史研究』（東京大学出版会，1969年）
　　『日本の近代16　日本の内と外』（中央公論新社，2001年［中公文庫，2014年］）ほか多数

歴史《れきし》と私《わたし》
中公新書 *2317*

2015年4月25日発行

著　者　伊藤　隆
発行者　大橋善光

本文印刷　三晃印刷
カバー印刷　大熊整美堂
製　本　小泉製本

発行所　中央公論新社
〒104-8320
東京都中央区京橋 2-8-7
電話　販売 03-3563-1431
　　　編集 03-3563-3668
URL http://www.chuko.co.jp/

Published by CHUOKORON-SHINSHA, INC.
Printed in Japan　ISBN978-4-12-102317-9 C1221

中公新書

現代史

- 2105 昭和天皇　古川隆久
- 2309 朝鮮王公族—帝国日本の準皇族　新城道彦
- 2212 近代日本の官僚　清水唯一朗
- 765 日本の参謀本部　大江志乃夫
- 632 海軍と日本　池田清
- 881 後藤新平　北岡伸一
- 2192 政友会と民政党　井上寿一
- 377 満州事変　臼井勝美
- 1138 キメラ—満洲国の肖像（増補版）　山室信一
- 1232 軍国日本の興亡　猪木正道
- 2144 昭和陸軍の軌跡　川田稔
- 76 二・二六事件（増補改版）　高橋正衛
- 2059 外務省革新派　戸部良一
- 1951 広田弘毅　服部龍二
- 1532 新版 日中戦争　臼井勝美
- 795 南京事件（増補版）　秦郁彦
- 84 90 太平洋戦争（上下）　児島襄
- 244 248 東京裁判（上下）　児島襄
- 1307 日本海軍の終戦工作　纐纈厚
- 2119 外邦図—帝国日本のアジア地図　小林茂
- 2015 「大日本帝国」崩壊　加藤聖文
- 2296 日本占領史 1945-1952　福永文夫
- 2175 残留日本兵　林英一
- 2060 原爆と検閲　繁沢敦子
- 828 清沢《きよさわ》洌《きよし》（増補版）　北岡伸一
- 2171 治安維持法　中澤俊輔
- 1759 言論統制　佐藤卓己
- 2284 言論抑圧　将基面貴巳
- 1711 徳富蘇峰　米原謙
- 1243 石橋湛山　増田弘
- 2186 田中角栄　早野透
- 1976 大平正芳　福永文夫
- 1574 海の友情　阿川尚之
- 1875 「国語」の近代史　安田敏朗
- 2075 歌う国民　渡辺裕
- 1804 戦後和解　小菅信子
- 1900 「慰安婦」問題とは何だったのか　大沼保昭
- 1990 「戦争体験」の戦後史　福間良明
- 1820 丸山眞男の時代　竹内洋
- 2237 四大公害病　政野淳子
- 1821 安田講堂 1968-1969　島泰三
- 2110 日中国交正常化　服部龍二
- 2137 国家と歴史　波多野澄雄
- 2150 近現代日本史と歴史学　成田龍一
- 2196 大原孫三郎—善意と戦略の経営者　兼田麗子
- 2301 核と日本人　山本昭宏
- 2317 歴史と私　伊藤隆